JESUS

VON NAZARETH

William Barclay

JESUS
VON NAZARETH

Nach dem Film von Sir Lew Grade
unter der Regie von Franco Zeffirelli
und dem Drehbuch von Anthony Burgess, Suso Cecchi d'Amico
und Franco Zeffirelli
Deutsch von Wolfhart Draeger
Photographien von Paul Ronald

3. Auflage 1978
© RAI, ITC Entertainment Limited
and William Barclay, 1978
Erschienen im Delphin Verlag GmbH, München und Zürich, 1978
ISBN 3.7735.4012.4
Made and printed in Great Britain by
William Collins Sons & Co. Ltd., Glasgow

INHALT

Einführung	6
1 DIE GEBURT	7
2 DER BEGINN DES WEGES	57
3 DER MENSCHENFISCHER	89
4 DIE AUSSENDUNG DER ZWÖLF	137
5 DER WEG ZUM KREUZ	185
6 DIE ERFÜLLTE VERHEISSUNG	233
Das Heilige Land zur Zeit Jesu	282
Worterklärungen	283
Die Darsteller und ihre Namen	286

EINFÜHRUNG

Der Text dieses Buches ist nach dem Drehbuch des Films »Jesus von Nazareth« entstanden, das von Anthony Burgess geschrieben wurde. Die Anlehnung an seinen Text geht so weit, daß ich an einigen Stellen nur die Dialoge in eine erzählende Form gebracht habe.

Manch einer mag wohl denken, daß es respektlos sei, das Leben Jesu zu verfilmen. Ich finde das nicht. Vielmehr meine ich, daß wir damit zu einer Form der Darstellung und Verkündigung zurückgefunden haben, die schon die alte Kirche kannte. Damals wurden die Wände vieler Gotteshäuser mit leuchtend bunten Bildern geschmückt, in denen die Maler auf eindringliche und oft sehr persönliche Weise Geschichten aus der Bibel erzählten. Franco Zeffirellis Film tut − mit anderen technischen Mitteln − dasselbe; er hat den alten Kirchenbildern nur den wichtigsten Vorteil moderner Massenmedien voraus, nämlich Millionen von Menschen in aller Welt erreichen zu können.

Der Film und das vorliegende Buch erzählen das Leben Jesu einfach und lebendig. Meine Hoffnung ist, daß nach dem Besuch des Films und der Lektüre des Buches der eine oder andere zum Neuen Testament greifen wird, um die Figuren und Ereignisse, die er eben noch leuchtend und bewegt vor Augen hatte, so dargestellt zu finden, wie sie allein gültig und wahr sind.

William Barclay

1
DIE GEBURT

Obwohl nur eine kleine Stadt in einer unbedeutenden Provinz, hätte doch niemand Nazareth einen entlegenen, weltfernen Ort nennen können. Straßen von den Enden der Erde führten dicht an seinen Mauern vorüber, und die jungen Leute brauchten nur den Hügel hinter der Stadt zu erklimmen, um die schier endlosen, schwer beladenen Kamelkarawanen auf ihrem Weg von Ägypten nach Damaskus beobachten zu können. Unterhalb des Hügels kreuzte sich diese uralte Handelsroute mit jener Straße, die von den Hafenorten am Mittelmeer ins Land der Parther und noch weiter nach Osten führte. Auf ihr zogen die römischen Legionen in Eilmärschen an die Grenzen des Reiches, um Einbrüche der Barbaren zu verhindern. Wer vom Hügel nach Westen blickte, sah das glitzernde Wasser des Mittelmeeres und die Segelschiffe, die sich auf die Reise nach Kleinasien, Griechenland und Rom begaben oder von dort kamen.

Während sich die jungen Mädchen und Männer oftmals aus der heimatlichen Langeweile an jene weit entfernten Orte und Plätze sehnten, deren Boten so dicht an ihrer Stadt vorüberzogen, träumten ihre Eltern von der Ankunft des Messias und dem Beginn des Goldenen Zeitalters. Die Vorstellungen, wie das Reich dieses Erlösers, den Gott schon vor langer Zeit durch die Propheten verheißen hatte, aussehen würde, waren verschwommen. Einige dachten an ein mächtiges Imperium – ähnlich wie das Römische –, nur daß es nicht ein Kaiser, sondern eben der Messias mit starker Hand regieren würde. Andere ersehnten ein Friedensreich, in welchem sich die Menschen freiwillig und freudig unter das neue Gesetz von Liebe und Wahrheit beugen würden. Aber wie unterschiedlich die Hoffnungen auch sein mochten, die meisten Menschen in Nazareth hielten die baldige Ankunft des Messias für ganz sicher, und einige, die nicht nur davon träumten, sondern etwas dafür tun wollten, organisierten heimliche Verschwörungen zum Sturz des Königs und zur Befreiung von der römischen Fremdherrschaft.

Auch die Männer, die sich täglich zum Gebet im Hause Rabbi Jehudas zusammenfanden, sprachen immer wieder über das kommende Reich. Einmal meinte der Skeptiker Jotham, der den Glauben an den Messias verloren hatte, daß die Propheten sich wohl geirrt haben müßten, denn die Erfüllung ihrer Verheißungen lasse nun schon allzu lange auf sich warten.

Aber der Rabbi entgegnete: »Eine Zukunft ohne Hoffnung ist wie eine Nacht ohne Sterne!«

Und er forderte die Männer auf, nach den Zeichen Ausschau zu halten, die dem neuen Zeitalter vorangehen und seinen Anbruch verkündigen würden:

»Alsdann werden die Augen der Blinden geöffnet, und die Ohren der Tauben werden aufgehen. Der Lahme wird springen, und die Zunge des Stummen wird jauchzen.

Und das wichtigste Zeichen:

Siehe, eine Jungfrau ist schwanger und wird einen Sohn gebären, und sie gibt ihm den Namen Immanuel, das heißt ›Gott mit uns!‹«

Diese Art von Gesprächen, die nicht nur in Jehudas Haus, sondern in allen Häusern Nazareths geführt wurden, waren äußerst gefährlich, denn die Spitzel des Königs lauerten überall.

Herodes der Große, ein geschickter Politiker, der es verstand, Menschen aufs freundlichste für sich einzunehmen und seinen Zwecken dienstbar zu machen, war zugleich von ängstlichstem Mißtrauen gegenüber jedermann erfüllt, der ihm auch nur im entferntesten gefährlich werden konnte. So ließ er seine Frau Mariamme und seine beiden Söhne Alexander und Aristobulus nur darum hinrichten, weil man sie bei ihm als Verschwörer verleumdet hatte.

Die Unruhe im Volk und das Warten auf den Messias konnte Herodes absolut nicht gebrauchen. Als »verbündeter König« der Römer verdankte er seine Herrschaft über Palästina ausschließlich dem Kaiser Augustus, dem er für Ruhe und Ordnung in der Provinz verantwortlich war. Die Pflichteifrigkeit, die er dabei an den Tag legte, machte ihn bei den Juden verhaßt. Obwohl Herodes – wenigstens teilweise – jüdischer Abstammung war und auch immer wieder versuchte, die Gunst der Juden zu gewinnen – zum Beispiel erneuerte und vergrößerte er den Tempel in Jerusalem und stattete ihn aufs prächtigste aus –, wurde er von den Frommen als Heide verabscheut. Tatsächlich widersetzte er sich niemals, wenn sich die Römer über seinen Kopf hinweg in religiöse Angelegenheiten der jüdischen Gemeinde einmischten – ja er selbst mißbrauchte das Hohepriesteramt, indem er es je nach politischer Notwendigkeit mit Angehörigen seiner Familie besetzte, die er dann aber nach Belieben davonjagte oder gar ermorden ließ. Dies alles war den Juden ein Greuel. Ihre Unzufriedenheit wuchs von Tag zu Tag und wartete darauf, sich Luft machen zu können. Der König jedoch unterdrückte die geringsten Anzeichen von Widerspenstigkeit mit brutaler Gewalt, denn eine offene Rebellion des Volkes hätte ihn seinen Thron gekostet.

PHOTOGRAPHIEN

1 *Die Männer im Hause Rabbi Jehudas sprachen immer wieder über das kommende Reich*

2 *Als »verbündeter König« verdankte Herodes seine Herrschaft den Römern*

3 *»Eine Zukunft ohne Hoffnung ist wie eine Nacht ohne Sterne!«*

4 *Der Zimmermann Josef war ein Nachkomme König Davids*

5 *Maria*

6 *Josef*

7 *Maria war mit Josef verlobt*

8 *Eines Tages erschien Maria der Engel Gabriel*

9 *»Siehe, ich bin des Herrn Magd!«*

10 *Maria machte sich auf den Weg zu der kleinen Stadt, in der ihre Verwandte Elisabeth mit dem Priester Zacharias ver- heiratet war*

11 *Und Maria trat in das Haus des Zacharias und begrüßte Elisabeth*

12 *Nach ihrer Rückkehr mußte Maria ihrer Mutter und ihrem Verlobten erzählen, daß sie ein Kind erwartete*

13 *Josef glaubte, daß Maria ihm die Wahrheit gesagt hatte, und nahm sie zu sich*

14 *Josef mußte sich in Bethlehem registrieren lassen*

15 *Die Herbergen waren schon seit Wochen belegt*

16 *In der Umgebung Bethlehems wachten die Hirten bei ihren Schafherden*

17 *Gottes Sohn wurde in einem Stall geboren*

18 *Sie wickelten das Kind in Windeln, und weil sie keinen anderen Platz hatten, legten sie es in eine Futterkrippe*

19 *Die Gelehrten entschlossen sich, ins jüdische Land zu reisen*

20 *Simeon nahm das Kind auf seine Arme und rühmte Gott*

21 *Die Ankunft der Fremden sprach sich in der Stadt schnell herum*

22 *Maria und Josef kehrten aus dem Tempel nach Bethlehem zurück*

23 *Die Sterndeuter aus den Ländern des Ostens*

24 *Und sie fanden das Kind bei seiner Mutter und beteten es an*

25 *Herodes wartete vergeblich auf die Rückkehr der Fremden*

26 *Er befahl seinen Soldaten, in Bethlehem alle Jungen im Alter bis zu zwei Jahren zu töten*

27 *»Steh auf, nimm das Kind und seine Mutter mit dir und fliehe nach Ägypten!«*

Zur Zeit des Herodes lebte in Nazareth eine Frau namens Anna. Ihr Mann, Joakim, war schon vor Jahren gestorben und hatte sie mit der einzigen Tochter, Maria, allein zurückgelassen. Maria war mit dem Zimmermann Josef verlobt. Trotz seines einfachen Handwerks stammte Josef aus einer der vornehmsten Familien des Landes, denn er war ein direkter Nachkomme König Davids.

Eines Tages erschien Maria der Engel Gabriel. Dieses Ereignis hat uns der Evangelienschreiber Lukas mit folgenden Worten überliefert:

Und der Engel kam zu ihr herein und sprach: »*Fürchte dich nicht, Maria, denn du hast Gnade bei Gott gefunden. Siehe, du wirst schwanger werden und einen Sohn gebären; und du sollst ihm den Namen Jesus geben. Dieser wird groß sein und Sohn des Höchsten genannt werden, und Gott der Herr wird ihm den Thron seines Vaters David geben, und er wird König sein über das Haus Jakob in Ewigkeit, und sein Königtum wird kein Ende haben.*«

Maria aber sagte zu dem Engel: »*Wie soll das zugehen, da ich von keinem Manne weiß?*«

Der Engel antwortete und sprach zu ihr: »*Der Heilige Geist wird über dich kommen und die Kraft des Höchsten wird dich überschatten; daher wird auch das Heilige, das gezeugt wird, Sohn Gottes genannt werden. Und siehe, Elisabeth, deine Verwandte, auch sie erwartet einen Sohn in ihrem Alter; und dies ist der sechste Monat für sie, die schon für unfruchtbar gehalten wurde. Denn kein Wort, das von Gott kommt, wird kraftlos sein.*«

Maria aber sprach: »*Siehe, ich bin des Herrn Magd; mir geschehe nach deinem Wort!*«

So also erfuhr Maria, daß sie ein Kind haben würde, ohne ihrer Mutter und ihrem Verlobten einen Vater dafür nennen zu können. Um in Ruhe darüber nachzudenken, machte sie sich auf den Weg zu der kleinen Stadt, in der ihre Verwandte Elisabeth mit dem Priester Zacharias verheiratet war.

An dieser Stelle soll abermals der Evangelist Lukas das Wort haben, der beschrieben hat, was geschah, als sich Maria und Elisabeth begegneten:

Und Maria trat in das Haus des Zacharias und begrüßte Elisabeth. Und es begab sich, als Elisabeth den Gruß der Maria hörte, da hüpfte das Kind in ihrem Leibe, und Elisabeth wurde mit dem Heiligen Geist erfüllt und brach mit lauter Stimme in die Worte aus: »*Gesegnet bist du unter den Frauen und gesegnet ist die Frucht deines Leibes! Wie wird mir zuteil, daß die Mutter meines Herrn zu mir kommt?*«

Und Maria sprach:

»Meine Seele erhebt den Herrn,
und mein Geist frohlockt
über Gott meinen Heiland,
daß er herabgeblickt hat
auf die Niedrigkeit seiner Magd.

Siehe, von jetzt an werden mich
seligpreisen alle Geschlechter.
Denn Großes hat mir der Mächtige getan
und heilig ist sein Name,
und seine Barmherzigkeit ist alle Zeit
bei denen, die ihn fürchten.
Er hat seine Macht gezeigt
und die zerstreut,
die hochmütig sind in ihren Herzen.
Er hat Gewaltige von ihrem Thron gestoßen
und Niedrige erhöht.
Hungrige hat er mit Gütern gefüllt
und Reiche leer weggeschickt.
Er hat sich Israels, seines Knechtes, angenommen
mit Barmherzigkeit, wie er es unseren Vätern,
Abraham und seinen Nachkommen,
verheißen hat.«

Nachdem Maria drei Monate bei Elisabeth geblieben war, mußte sie nach Hause zurückkehren und ihrer Mutter und ihrem Verlobten erzählen, daß sie ein Kind erwartete. Josef war tief enttäuscht, denn es fiel ihm schwer, ihre Erklärung zu glauben. So beriet er sich mit Rabbi Jehuda, der ihm empfahl, zu tun, was das jüdische Gesetz vorschreibt: entweder die Braut öffentlich des Treuebruchs anzuklagen oder sich in aller Stille von ihr zu trennen. Da Josef ein rechtschaffener Mann war, der seine Braut nicht dem Spott der Nachbarn aussetzen wollte, entschied er sich für die Trennung in aller Stille.

Als er aber seinen Entschluß gefaßt hatte, erschien auch ihm ein Engel und sprach im Traum zu ihm: »Josef, du Sohn Davids, scheue dich nicht, Maria zur Frau zu nehmen. Das Kind, das sie erwartet, stammt vom Heiligen Geist. Sie wird einen Sohn zur Welt bringen, und du sollst ihm den Namen Jesus geben (das heißt: Gott hilft), denn er wird das Volk von seinen Sünden retten. Das alles geschieht, damit sich das Wort des Propheten erfüllt: ›Siehe, eine Jungfrau ist schwanger und wird einen Sohn gebären, und sie gibt ihm den Namen Immanuel.‹ «

Als Josef aus dem Schlaf erwachte, glaubte er, daß Maria ihm die Wahrheit gesagt hatte, und er tat alles, was der Engel des Herrn ihm befohlen hatte. Er heiratete Maria und nahm sie zu sich.

Als die Zeit der Geburt näherrückte, wurde ein Befehl des Kaisers Augustus bekannt, daß alle Einwohner des Römischen Reiches gezählt und in Steuerlisten eingetragen werden sollten. Um den Unruhen, die dieser Befehl möglicherweise auslösen konnte, zuvorzukommen, wurde angeordnet, daß sich jeder Mann mit Frau und Kindern im Heimatort seiner Familie registrieren lassen müsse – denn wer reist, hat keine Zeit, die Ordnung des Staates zu stören. Von Spanien bis Syrien, von Germanien bis Nordafrika machten sich nun alle jene auf den Weg, die nicht mehr dort lebten, wo ihre Vorfahren einst beheimatet gewesen waren.

Josef mußte sich in Bethlehem registrieren lassen, wo die Familie König Davids seit Jahrhunderten ansässig war. Da Maria trotz ihres Zustandes mit auf die Reise mußte, war anzunehmen, daß ihr Kind in Bethlehem zur Welt kommen würde. Als er dies bedachte, fielen Josef die Worte des Propheten Micha ein, der schon vor langer Zeit den Geburtsort des Messias vorhergesagt hatte: »Und du Bethlehem Ephrata, die du klein bist unter den Städten in Juda, aus dir soll mir der kommen, der in Israel Herr sei.«

Staunend erkannte Josef, wie Gott die Geschicke der Welt lenkt und wie ihm noch der Mächtigste als Werkzeug dient: Da der Messias in der Stadt Davids geboren werden sollte, ließ Gott den römischen Kaiser eine Volkszählung befehlen, um einen einfachen Zimmermann und seine Frau nach Bethlehem zu führen.

In Bethlehem war der Andrang groß, denn Menschen aus allen Teilen der Welt waren zur Zählung und Eintragung in die kleine Stadt gekommen. Josef konnte für sich und seine Frau keine Unterkunft mehr finden, weil die Herbergen schon seit Wochen belegt waren. Nur Marias Zustand und ihr hilfsbedürftiger Eindruck bewirkten schließlich, daß ihnen ein Platz im Stall einer Karawanserei angewiesen wurde. Und hier wurde der Sohn Gottes geboren. Sie wickelten das Kind in Windeln, und weil sie keinen anderen Platz hatten, legten sie es in eine Futterkrippe.

In der Umgebung Bethlehems wachten die Hirten, einfache, bäuerliche Männer, bei ihren Schafherden. Wie alle Menschen in Israel sprachen auch sie an ihren nächtlichen Feuern von dem Erlöser, den Gott schicken wollte.

In der Nacht, in der Jesus geboren wurde, trat ein Engel des Herrn auf sie zu. Der Evangelist Lukas berichtet uns darüber:

Und der Engel sprach zu ihnen: »Fürchtet euch nicht! Denn siehe, ich verkündige euch große Freude, die allem Volke widerfahren wird; denn euch ist heute der Heiland geboren, welcher der Christus ist, der Herr, in der Stadt Davids. Und das sei euch das Zeichen: Ihr werdet ein Kind finden, in Windeln gewickelt und in einer Krippe liegend.«

Und auf einmal war bei dem Engel die Menge der himmlischen Heerscharen, die lobten Gott und sprachen:

»Ehre sei Gott in den Höhen und Friede auf Erden unter den Menschen, an denen Gott Wohlgefallen hat.«

Da sprachen die Hirten zueinander: »Lasset uns nach Bethlehem gehen und die Sache sehen, die geschehen ist und die der Herr uns kundgetan hat. Und sie gingen und fanden Maria und Josef, und das Kind in der Krippe liegend.

Nach dem Fest der Beschneidung und der Aufnahme in die jüdische Gemeinde brachten die Eltern das Kind einen Monat später in den Tempel nach Jerusalem, denn das jüdische Gesetz schrieb vor, erstgeborene Söhne feierlich vor Gott darzustellen und zum Dank zwei Turteltauben zu opfern.

Zu dieser Zeit lebte in Jerusalem ein alter Mann namens Simeon, der sein Leben lang auf den Messias gewartet hatte. Gott hatte ihm versprochen, daß er nicht sterben werde, bevor er den Heiland gesehen habe. An jenem Tag trieb es Simeon in den Tempel. Und als Maria und Josef das Kind zur Feier hineintrugen, nahm er es auf seine Arme und rühmte Gott: »Herr, nun kannst du deinen Diener in Frieden entlassen, denn meine Augen haben dein Heil gesehen, das du für alle Völker bereitet hast.«

In den Ländern des Ostens suchten zur selben Zeit Sterndeuter mit langen Fernrohren den Himmel ab. Dabei entdeckten sie eine seltsame neue Konjunktion: Jupiter, der Stern der Könige, und Saturn, der Stern der Juden, waren im Zeichen der Fische so dicht zusammengetreten, daß sie von der Erde aus wie ein einziger heller Stern aussahen. Daraus lasen die Sterndeuter ab, daß im Lande der Juden ein König geboren worden war, der die Geschicke der Welt verändern würde. Dieses Zeichen erregte sie so sehr, daß sich drei von ihnen – Caspar, Melchior und Balthasar – entschlossen, ins jüdische Land zu reisen und dem neuen König zu huldigen. Zuerst wandten sie sich nach Jerusalem, weil sie annahmen, daß das königliche Kind im Palast des Herrschers zu finden sein müsse. Die Ankunft der Fremden und das, was sie suchten, sprachen sich rasch in der Stadt herum. Furcht und Schrecken breiteten sich aus, denn Herodes war – wie wir wissen – als ein grausamer und mißtrauischer Mann gefürchtet. Zu aller Überraschung nahm er die Fremden jedoch mit großer Freundlichkeit auf und bat sie zu warten. Dann rief er Priester und Schriftgelehrte zusammen, um feststellen zu lassen, wo der vom Volk erwartete Messias geboren werden sollte. Als er erfuhr, daß der Prophet Micha Bethlehem als Geburtsort geweissagt hatte, ließ Herodes die Sterndeuter zu sich kommen.

»Zieht nach Bethlehem«, sagte er zu ihnen, »denn dort ist der neue König geboren. Sucht ihn, und wenn ihr ihn gefunden habt, kommt zurück und berichtet mir darüber, denn auch ich will hingehen und ihn ehren.«

Caspar, Melchior und Balthasar zogen zur Stadt Davids, und der Stern, den sie schon in ihrer Heimat gesehen hatten, zeigte ihnen den Weg zur Herberge, in der Maria und Josef mit dem Neugeborenen wohnten. Und sie fanden das Kind bei seiner Mutter und beteten es an.

In der Nacht aber hatten sie einen Traum. Gott befahl ihnen, nicht nach Jerusalem zurückzukehren. Da reisten sie auf einem anderen Weg in ihre Heimat.

Auch Josef erhielt im Traum eine Botschaft:

»Steh auf, nimm das Kind und seine Mutter mit dir und fliehe nach Ägypten und bleibe dort, bis du neue Weisung erhältst, denn Herodes will das Kind suchen und töten.«

Noch in derselben Nacht verließen Josef und Maria mit dem Neugeborenen heimlich die Stadt.

Herodes aber, der vergeblich auf die Rückkehr der fremden Sterndeuter wartete, befahl seinen Soldaten schließlich, in Bethlehem alle Jungen im Alter bis zu zwei Jahren zu töten.

2
DER BEGINN DES WEGES

PHOTOGRAPHIEN

1 *Josef und Maria kehrten in ihre Heimat Nazareth zurück*

2 *Jesus wurde ein* Bar Mitzwah – *ein Sohn des Gesetzes*

3 *Die Zeloten wurden von ihren Nachbarn nur selten verraten*

4 *Schließlich erblickten die Wallfahrer in der Ferne ihr Ziel, den mächtigen Tempel*

5 *Jerusalem, die du gebaut bist wie eine wohlgefügte Stadt…*

6 *Das Treiben im »Vorhof der Heiden« war für den Zwölfjährigen verwirrend und beeindruckend zugleich*

7 *Jesus trug das Lamm, das geopfert werden sollte*

8 *»Wußtet ihr nicht, daß ich in meines Vaters Haus sein muß?«*

9 *Johannes der Täufer lebte als Einsiedler in der judäischen Wüste*

10 *Herodes Antipas heiratete die Frau seines Bruders*

11 *Sie schickten eine Abordnung zu Johannes mit der Frage, von wem er denn eigentlich bevollmächtigt sei*

12 *Schon ist die Axt den Bäumen an die Wurzel gelegt*

13 *Menschen aus Jerusalem und ganz Judäa kamen, um ihn zu hören und sich von ihm taufen zu lassen*

14 *Jesus wanderte ins Jordantal zu Johannes*

15 *»Ich hätte nötig, von dir getauft zu werden, und nun kommst du zu mir?«*

16 *Nicht von Brot allein wird der Mensch leben, sondern von jedem Wort, das aus Gottes Mund hervorgeht*

Als Herodes starb, hatten die Römer das schwierige Problem seiner Nachfolge zu regeln. So verhaßt der König bei seinem Volk war, für die Römer war er ein geradezu idealer Herrscher gewesen. Niemals hatte er gegen ihre Anordnungen und Maßnahmen aufgemuckt, und in vieler Beziehung war er römischer gewesen als der Kaiser selbst. Vor allen Dingen aber hatte er im Lande mit rücksichtsloser Gewalt Ruhe und Ordnung aufrechterhalten.

Keiner der drei Söhne, die Herodes in seinem Testament zu Nachfolgern bestimmt hatte, besaß den füchsischen Verstand und die gerissene Schläue des Vaters. Herodes hatte verfügt, daß sein Sohn Archelaos das Königtum erben und dessen beide Brüder, Herodes Antipas und Philippos, als Fürsten in Galiläa und Peräa (siehe Karte Seite 282) herrschen sollten.

Dieses Testament mußte von Kaiser Augustus bestätigt werden, und so begaben sich die drei Erben nacheinander zu ihm, um jeweils die beiden anderen schlecht zu machen und möglichst viel für sich selbst zu erreichen. Auch die jüdische Gemeinde von Jerusalem schickte eine Abordnung nach Rom, um den Kaiser zu bitten, die Herrschaft der herodianischen Familie ganz zu beenden. Aber Augustus entschied sich schließlich, dem Testament des verstorbenen Königs zu folgen – allerdings mit ein paar wichtigen Änderungen: Archelaos erhielt zwar Judäa und Samaria, durfte aber nicht den Königstitel tragen, sondern mußte sich mit dem Titel eines Ethnarchen begnügen; außerdem mußte er alle Landgeschenke, die Augustus einst seinem Vater gemacht hatte, wieder herausrücken. Antipas und Philippos wurden Tetrarchen und bekamen im wesentlichen das, was ihr Vater ihnen zugedacht hatte; berücksichtigt wurde auch noch eine Schwester des Herodes, der der Kaiser drei Städte schenkte, die sie als selbständige Fürstin regierte. Somit war der Staat Herodes' des Großen in viele kleine Fürstentümer zerschlagen – genauso, wie es der römischen Herrschaft am dienlichsten war.

Josef lebte unterdes noch immer mit Maria und Jesus in Ägypten. Als sie die Nachricht vom Tode des Herodes erhielten, entschlossen sie sich, in ihre Heimat Nazareth zurückzukehren.

Anna war mittlerweile gestorben, und so bezog die junge Familie deren Haus, und Josef eröffnete eine Zimmermannswerkstatt.

Die Unruhe im Volk war nach dem Tode des Königs eher noch größer geworden, denn seine Nachfolger begingen eine politische Ungeschicklichkeit nach der anderen, und die römischen Truppen, die überall in den »selbständigen« Gebieten Nahrungsmittel beschlagnahmten, wie es ihnen grade einfiel, oder durch heidnischen Götzendienst die religiösen Gefühle der Juden verletzten, zeigten, wer der wahre Herr im Lande war.

Diese ständigen Übergriffe und Beleidigungen führten schließlich zur Bildung der geheimen Zeloten-Partei (Zelot heißt »Eiferer«), die das Steuerzahlen an die fremde Obrigkeit ablehnte und mit Waffengewalt für die Freiheit des Gottesvolkes kämpfen wollte. Jeder, der gegen das jüdische Gesetz verstieß und mit den Römern gemeinsame Sache machte, mußte befürchten, von den Zeloten bei Nacht und Nebel ermordet zu werden. Die meisten »Eiferer« waren junge Männer, die am Tage einem ordentlichen Beruf nachgingen, sich bei Anbruch der Dunkelheit aber in todesmutige Partisanen verwandelten, Militärlager des Feindes überfielen und Römerfreunde »unschädlich« machten. Kein Wunder, daß die römischen Soldaten immer wieder die Dörfer und Städte nach ihnen durchkämmten – meist jedoch ohne Erfolg, denn die Zeloten waren gut getarnt und wurden von ihren Nachbarn nur selten verraten.

In dieser wirren und gefährlichen Zeit wuchs Jesus heran. Wie alle Kinder in Nazareth lernte er in der Schule Rabbi Jehudas schreiben und lesen und hörte die biblischen Geschichten von Noah, Abraham, Mose und den Propheten, denen Gott sich in besonderer Gnade zugewandt hatte, um dem Volk Israel seine immerwährende Gegenwart zu zeigen.

Schließlich kam der Tag, an dem Jesus »erwachsen wurde«, das heißt, wie jeder jüdische Junge wurde er nach seinem zwölften Geburtstag in die Gemeinde der Erwachsenen aufgenommen. Von nun an war er selbst für die Einhaltung all jener Gesetze verantwortlich, die das tägliche Leben eines frommen Juden bestimmten; er konnte Zeuge vor Gericht sein und durfte gleichberechtigt am Gottesdienst teilnehmen. In einer feierlichen Zeremonie wurde er ein *Bar Mitzwah* – ein Sohn des Gesetzes. Bei dieser Feier durfte er auch zum ersten Mal vor allen Männern der Gemeinde aus der Thora vorlesen. Darüber hinaus hatte er aber noch andere wichtige religiöse Vorschriften zu erfüllen. Zum Beispiel mußte er drei große Feste im Jerusalemer Tempel feiern: das Passahfest, das Pfingstfest und das Erntedankfest.

Das wichtigste dieser drei Feste war das Passahfest, das zur Erinnerung an die letzte Nacht der Israeliten in Ägypten und an die Befreiung von der Zwangsherrschaft des Pharao gefeiert wird.

In der Synagoge bereiteten sich Jesus und seine Kameraden unter Anleitung Rabbi Jehudas mit Lesungen und Gebeten auf das Fest vor, um dann – eine Woche vorher – gemeinsam mit ihren Eltern in einer großen Gruppe nach Jerusalem aufzubrechen. Der hundert Meilen lange Weg führte von Galiläa quer durch das gebirgige Samaria nach Judäa, und wo immer sie singend und betend durch Dörfer und Städte kamen, schlossen sich ihnen andere Menschen an, so daß der Zug länger und länger wurde. Schließlich erblickten sie in der Ferne ihr Ziel, die Hauptstadt Jerusalem, und als sie den mächtigen Tempel in seiner goldenen Herrlichkeit in der Abendsonne schimmern sahen, stimmten sie nach altem Brauch das Wallfahrtslied König Davids an:

Nun stehen unsere Füße in deinen Toren, Jerusalem!
Jerusalem, die du gebaut bist wie eine wohlgefügte Stadt,
wohin die Stämme wallfahren, die Stämme des Herrn.
Gesetz für Israel ist es, den Herrn dort zu preisen.
Denn dort standen einst Throne zum Gericht,
Throne des Hauses Davids.
Wünschet Jerusalem Heil: Sicher seien deine Gezelte!

Friede herrsche in deinen Mauern, Sicherheit in deinen Palästen.
Um meiner Brüder und Freunde willen will ich dir Frieden wünschen.
Um des Hauses des Herrn, unseres Gottes, willen will ich um Glück flehen für dich.

Der riesige Bau des Tempels, dessen gewaltige Steinquadern noch heute zu sehen sind, bestand zur Zeit, als Jesus ihn zum ersten Mal mit Bewußtsein sah, aus einer Folge prächtiger Höfe, die – jeweils für bestimmte Gruppen vorgesehen – einer nach dem andern bis zum Allerheiligsten führten. Der erste dieser Höfe, der »Vorhof der Heiden«, der jedermann – also auch Ungläubigen – offenstand, glich einem großen Markt. Hier wurden die Opfertiere – Tauben und Schafe – gehandelt, und zahllose Geldwechsler boten den Juden, die aus aller Welt zum Fest gekommen waren, ihre Dienste an. Überall standen Gruppen von Männern, die hitzige politische oder religiöse Gespräche führten. Für den zwölfjährigen Jesus aus dem kleinen Nazareth muß das alles äußerst verwirrend und beeindruckend zugleich gewesen sein.

Symbol des Passahfestes ist das Lamm, das zusammen mit flachen, ungesäuerten Broten beim abendlichen Mahl gegessen wird. Denn der Herr hatte Mose befohlen:

Ein jeder nehme ein Lamm und rechne so viele, als nötig sind, es aufzuessen. Und ihr sollt mit dem Blut die Türpfosten und Schwellen der Häuser, in denen ihr es eßt, bestreichen als ein Schutzzeichen, wenn ich in derselben Nacht durch das Land Ägypten schreite und alle Erstgeburt erschlage. Und wenn ihr in das Land kommt, das der Herr euch geben wird, so sollt ihr diesen heiligen Brauch stets üben. Und euren Kindern sollt ihr sagen: Das ist das Passahopfer für den Herrn, weil er an den Häusern Israels vorüberschritt, als er die Ägypter schlug und unsere Häuser verschonte.

Die Lämmer für das traditionelle Mahl mußten im Tempel dargebracht und rituell geschlachtet werden. Wie die Tempelvorhöfe aussahen, kann man sich vorstellen, wenn man weiß, daß zum Beispiel für das Passahfest des Jahres 65 – über das der Geschichtsschreiber Josephus berichtet hat – 256 500 Lämmer geschlachtet wurden. Die Ströme von Blut, die über die Opferaltäre geflossen sein müssen, übersteigen die Vorstellungskraft. Aus der Zahl der Opfertiere läßt sich übrigens auf die Zahl der Besucher schließen, die damals das Fest in Jerusalem feierten – man schätzt, daß es 2,5 Millionen Menschen waren.

Von seiner Familie und deren Freunden war Jesus ausgewählt worden, das Lamm zu tragen, das geopfert und später gemeinsam gegessen werden sollte. Mit erschrockenem Blick übergab er es dem Priester – so, als würde er das Schicksal des Lammes teilen müssen. Während das Tier getötet wurde, sprach der Tempeldiener die Worte Jesajas:

Verachtet war er und verlassen von Menschen, ein Mann der Schmerzen und vertraut mit Krankheit, wie einer, vor dem man das Antlitz verhüllt; so verachtet, daß er uns nichts galt. Wir alle irrten umher wie Schafe, wir gingen jeder seinen eigenen Weg; ihn aber ließ der Herr treffen unser aller Schuld. Er ward mißhandelt und beugte sich und tat seinen Mund nicht auf wie ein Lamm, das zur Schlachtbank geführt wird.

Als die Festtage zu Ende waren, brachen die Wallfahrer ihre Zelte ab, die sie am Tempelberg aufgestellt hatten, und machten sich auf den Heimweg. Auch die Gruppe aus Nazareth wanderte inmitten der großen Menschenmenge nach Hause zurück.

Einen ganzen Tag lang sahen Maria und Josef ihren Sohn Jesus nicht und meinten, er sei

62

in der Gruppe junger Leute, die hinter ihnen kam. Als sie aber am Abend immer noch nichts von ihm hörten und sahen, wurden sie besorgt und gingen von einem zum andern und fragten überall nach, aber sie fanden ihn nicht.

Unruhig kehrten sie um und zogen den anderen Heimkehrern entgegen, zurück nach Jerusalem. Drei Tage lang durchsuchten sie alle Plätze und Gassen der Stadt und alle Höfe und Winkel auf dem großen Gelände des Tempels, und ihre Besorgnis wuchs. Schließlich fanden sie ihn beim Hohen Rat, einer Gruppe von Priestern und Schriftgelehrten, die der jüdischen Gemeinde vorstand und während der Tage des Passahfestes in den Hallen des Tempels, für jedermann zugänglich, theologische Streitgespräche abhielt. Jesus hörte fasziniert zu und stellte gelegentlich Fragen von solch kluger Einsicht, daß die Männer – immerhin die bedeutendsten in Israel – tief erstaunt waren.

Bestürzt riefen Maria und Josef Jesus zu sich und fragten ihn, warum er ihnen solche Sorgen bereitet hatte. Er aber sah sie erstaunt an und antwortete: »Wie habt ihr mich nur suchen können? Wußtet ihr nicht, daß ich in meines Vaters Haus sein muß?«

Maria und Josef verwirrte diese Antwort. Aber Maria behielt jedes Wort und bewahrte es in ihrem Herzen.

Als Jesus dreißig Jahre alt war, sprach man überall im Lande von einem Bußprediger, den die Leute Johannes den Täufer nannten. Johannes, der Sohn von Elisabeth und Zacharias, hatte sich als Einsiedler in die judäische Wüste, an das Ufer des Jordans, zurückgezogen, und seit er dort zu predigen begonnen hatte, kamen Menschen aus Jerusalem und ganz Judäa zu ihm hinaus, um ihn zu hören und sich von ihm taufen zu lassen. Zweifellos waren auch viele Neugierige darunter, die nur die seltsame Erscheinung des Propheten begaffen und belachen wollten. Die Mehrzahl aber war tief erschüttert und bewegt von der gewaltigen Redekraft dieses Mannes.

»Tut Buße, denn das Himmelreich ist nahe herbeigekommen!«, so leitete er jede seiner Predigten ein. »Kehrt um von euren gottlosen Wegen, denn die Herrschaft des Messias steht kurz bevor!«

»Aber was sollen wir tun?« fragten viele Zuhörer, die eigentlich nicht recht verstanden, was an ihrem Leben so falsch war.

Johannes antwortete ihnen: »Wer zwei Mäntel hat, gebe einen dem, der keinen hat, und wer zu essen hat, gebe dem, der nichts hat.«

Die Mächtigen des Landes waren von der großen Popularität und Zustimmung, die Johannes im Volk fand, überrascht und beunruhigt. Die Zeloten hielten ihn für einen brauchbaren Unruhestifter und überlegten, wie sie ihn für ihre eigenen Zwecke einspannen konnten. Die Pharisäer, gesetzesstrenge Männer, die unerbittlich darüber wachten, daß die Gebote der Schrift im täglichen Leben gehörige Beachtung fanden, wiesen die Aufforderung zur Buße als überflüssig, ja frevelhaft zurück. Hatte nicht Gott selbst das Volk Israel erwählt und ihm das Heil versprochen? Waren sie etwa Heiden, daß sie einen neuen Anfang nötig hatten?

Die Sadduzäer, Angehörige einer römerfreundlichen Priesterpartei, die den Tempeldienst unter Kontrolle hielt, waren erbost über die von keiner offiziellen Stelle »geneh-

63

2

migte« religiöse Bewegung. Sie schickten eine Abordnung zu Johannes mit der Frage, von wem er denn eigentlich bevollmächtigt sei, zu predigen und zu taufen.

Die Antwort des Johannes an alle, die in Amt und Würden saßen, war eine flammende Anklage:

»Ihr Natterngezücht, wer hat euch unterwiesen, daß ihr dem zukünftigen Zorn entrinnen werdet? Bringet Frucht, die der Buße gemäß ist, und glaubt nicht, bei euch selber sagen zu können: Wir haben Abraham als Vater. Ich sage euch: Gott vermag dem Abraham aus diesen Steinen Kinder zu erwecken. Schon ist die Axt den Bäumen an die Wurzel gelegt. Jeder Baum nun, der nicht gute Frucht bringt, wird umgehauen und ins Feuer geworfen. Ich taufe euch mit Wasser zur Buße; der aber nach mir kommt, ist stärker als ich, und ich bin nicht würdig, ihm die Schuhe zu tragen. Er wird euch mit heiligem Geist und mit Feuer taufen. Er hat die Wurfschaufel in seiner Hand und wird seine Tenne fegen und seinen Weizen in die Scheune sammeln; die Spreu aber wird er mit unauslöschlichem Feuer verbrennen.«

Noch jemand beobachtete das Tun des Johannes mit außerordentlichem Mißvergnügen: der Tetrarch Herodes Antipas, dessen zügellosen Lebenswandel Johannes des öfteren in seinen Predigten anprangerte.

Die Mächtigen des Landes hatten also allen Grund, darüber nachzudenken, wie sie den vom Volk geliebten Propheten mundtot machen oder – besser noch – ihn gänzlich loswerden konnten.

Zu dieser Zeit lag Josef im Sterben, und Jesus – das war seinen Eltern klar – würde die heimatliche Umgebung bald verlassen.

»Wir haben immer gewußt, daß er nicht unseretwegen in die Welt gekommen ist«, tröstete Maria ihren Mann, der traurig darüber war, sie allein zurücklassen zu müssen.

Einige Wochen später machte Jesus sich auf und wanderte ins Jordantal, um Johannes zu hören und sich von ihm taufen zu lassen. Aber der Prediger, der ihn erkannte, wehrte erschrocken ab: »Ich hätte nötig, von dir getauft zu werden, und nun kommst du zu mir?«

Doch Jesus antwortete ihm: »Laß es jetzt so geschehen, denn es ist das, was Gott mir bestimmt hat.«

Da tauchte Johannes Jesus in den Fluß, und als Jesus aus dem Wasser stieg, sprach eine Stimme aus dem Himmel: »Dies ist mein lieber Sohn, an dem ich Wohlgefallen gefunden habe.«

Mit dieser Taufe reihte sich Jesus, der ohne Sünde war, in die Gemeinschaft der Sünder ein. Er wußte, daß es nun kein Zurück mehr gab und er jetzt mit der Arbeit, derentwegen er in die Welt gekommen war, beginnen mußte. Er hatte die Aufmerksamkeit und schließlich die Anhänglichkeit und Liebe der Menschen zu gewinnen, die er erlösen wollte. Um die vor ihm liegenden Aufgaben zu durchdenken, zog er sich in die Einsamkeit der Wüste zurück. Der Evangelist Matthäus sagt: *»Dann wurde Jesus vom Geist in die Wüste geführt, um vom Teufel versucht zu werden.«*

Diesen Kampf mit dem Bösen dürfen wir uns nicht als etwas Sichtbares vorstellen, sondern als das Ausfechten eines inneren Konfliktes.

Jesus fastete und betete vierzig Tage und Nächte, und die erste Versuchung überkam ihn, als er sich auf dem Tiefpunkt von Hunger und Einsamkeit fühlte. Matthäus beschreibt das so:

Da trat der Versucher zu ihm und sagte: »*Bist du Gottes Sohn, so gebiete, daß diese Steine Brot werden!*« *Er aber antwortete und sprach:* »*Es steht geschrieben: Nicht von Brot allein wird der Mensch leben, sondern von jedem Wort, das aus Gottes Mund hervorgeht.*«

Die zweite Versuchung war gefährlicher. »Wie kannst du erwarten, daß jemand an dich glaubt«, flüsterte der innere Feind, »an einen Unbekannten aus Nazareth? Bist du wirklich der Messias, wird Gott dich jedes Wunder vollbringen lassen, das du brauchst, um ie Menschen zu überzeugen.«

Darauf nahm ihn der Teufel mit in die heilige Stadt und stellte ihn auf die Zinne des Tempels und sagte zu ihm: »*Bist du Gottes Sohn, so stürze dich hinab, denn es steht geschrieben: Er wird seinen Engeln Befehl geben, und sie werden dich auf Händen tragen, damit dein Fuß nicht an einen Stein stoße.*« *Aber Jesus sprach zu ihm:* »*Es steht auch geschrieben: Du sollst den Herrn, deinen Gott, nicht versuchen.*«

Die dritte Versuchung war die Versuchung der Macht. »Wie kannst du den Versklavten und Ausgebeuteten helfen«, fragte die Stimme, »wenn du nicht weltliche Macht besitzt?«

Wiederum nahm ihn der Teufel mit auf einen sehr hohen Berg und zeigte ihm alle Reiche der Welt und ihre Herrlichkeit und sagte zu ihm: »*Dies alles will ich dir geben, wenn du dich niederwirfst und mich anbetest.*«

Da überwand Jesus den Teufel, und als die Sonne des einundvierzigsten Tages aufging, verließ er die Wüste und kehrte zu den Menschen zurück.

16

3
DER
MENSCHENFISCHER

PHOTOGRAPHIEN

1 *»Josefs Sohn hält sich für den Messias!«
schrie einer*

2 *Die Männer zerrten und stießen ihn die
Straße entlang*

3 *Maria war so in Gedanken versunken,
daß sie die Blicke und das Getuschel ihrer
Nachbarinnen gar nicht bemerkte*

4 *Rabbi Jehuda hätte gerne seinem ehemaligen
Schüler geglaubt, aber das gelang ihm nicht*

5 *»Dann haben wir denselben Weg«, sagte
Jesus. »Ich will nach Kapernaum.«*

6 *»Alles ist möglich dem, der glaubt!«*

7 *»Was habe ich mit dir zu schaffen, Jesus von
Nazareth?«*

8 *»Fahrt auf den See zurück! Ich komme
mit euch.«*

9 *Jesus stieg ins Boot und setzte sich ins
Vorschiff*

10 *Viele Menschen drängten sich in den Hof des
kleinen Hauses*

11 *Der Steuerpächter Matthäus*

12 *Jesus setzte sich in die Nähe der offenen Tür,
damit auch die, die draußen geblieben waren,
seine Geschichte hören konnten*

13 *Die Tochter des Jairus*

14 *»Glaubst du nur, was du mit deinen Augen
siehst?« fragte Jesus*

15 *Herodias bemerkte, wie ihre Tochter Salome
dem Antipas gefiel*

16 *Salome erhob sich und begann, für die Gäste
zu tanzen*

17 *»Sie bekommt von mir alles, worum sie mich
bittet!«*

18 *»Ich will den Kopf Johannes des Täufers!«*

19 *Und Antipas ließ Johannes im Gefängnis
enthaupten*

20 *Die Jünger des Johannes kamen herbei,
nahmen den Leichnam…*

21 *…und begruben ihn*

Nach seiner Taufe am Jordan und den vierzig Fastentagen in der Wüste kehrte Jesus nach Nazareth zurück. Zwei Frauen, die ihm am Ortseingang begegnet waren, liefen eiligst zu Maria, um ihr zu erzählen, daß sie ihn gesehen hätten und daß er geradewegs in die Synagoge gegangen sei.

Es war Sabbatmorgen, und soeben hatte der Rabbiner der Gemeinde aus der Thora, den fünf Büchern Mose, vorgelesen. Nun sollte eine Lesung aus den Büchern der Propheten folgen, die – so war es Sitte – immer von einem Mitglied der Gemeinde gehalten wurde.

Maria, die Jesus unbedingt sehen wollte, kam gerade rechtzeitig in der Synagoge an, um zu sehen, wie er sich erhob, vor die Gemeinde trat und dem Synagogendiener die Schriftrolle abnahm. Dann las er aus dem Buch des Propheten Jesaja vor:

Der Geist des Herrn ruht auf mir, weil er mich gesalbt hat; er hat mich gesandt, den Armen frohe Botschaft zu bringen, den Gefangenen Befreiung zu verkündigen und den Blinden das Augenlicht, die Zerschlagenen zu befreien und zu entlassen und ein Gnadenjahr des Herrn zu verkündigen.

Nach der Lesung gab er dem Diener die Rolle zurück, setzte sich wieder auf seinen Platz und sagte mit ruhiger Stimme: »Während ihr zugehört habt, ist dieses Schriftwort heute erfüllt worden!«

Alle starrten ihn entgeistert an. Eine lauernde Stille breitete sich aus, bis eine schrille Stimme rief: »Ist das nicht Josefs Sohn? Was erlaubt der sich denn?« Nun brach ein ungeheurer Tumult los.

»Weißt du nicht«, schrie ein alter Mann empört, »daß diese Worte nur vom Messias selbst erfüllt werden können?«

»Und zwar dann«, ergänzte ein anderer, »wenn das Reich Gottes anbricht!«

»Das Königreich des Herrn kommt nicht so, wie ihr es erwartet und euch vorstellt«, antwortete Jesus leise. »Es ist plötzlich da und mitten unter euch. Öffnet eure Ohren und Herzen und vertraut der guten Nachricht.«

Während einige Männer die Synagoge wütend verließen und andere aufgeregt miteinander diskutierten, trat der alte Rabbi Jehuda zu Jesus heran. Er war offensichtlich betrübt über den Vorfall. Gerne hätte er seinem ehemaligen Schüler geglaubt, aber das gelang ihm nicht.

Jesus legte tröstend seinen Arm um die Schultern des Rabbis und sagte: »Kein Prophet wird in seiner Vaterstadt gut aufgenommen.« Und mit lauterer Stimme, so daß es die ganze Versammlung hören konnte, fuhr er fort: »Gesegnet ist, wer sich meiner nicht schämt!«

Jetzt wurden die Stimmen der Männer drohender.

»Worauf warten wir noch?«

»Rabbi, schick ihn weg!«

»Lügner!«

»Er verdreht und verhöhnt die Worte der Schrift!«

Einer, der mit Jesus in die Schule gegangen war, schrie gehässig: »Der Sohn des Josef hält sich für den Messias!«

»Er hat nicht gesagt, daß er der Messias ist!« antwortete ein anderer.

»Was sonst könnte er gemeint haben?«

»Schluß jetzt! Werft ihn raus!«

Die Frauen, die in den alten Synagogen durch ein Gitter von den Männern getrennt waren, schauten verwirrt auf das, was sich ereignete, und blickten dann mitleidig auf Maria. »Wie gut, daß Josef diesen Tag nicht mehr erleben mußte«, flüsterten sie einander zu. Aber Maria war so in Gedanken versunken, daß sie weder die Blicke noch das Getuschel ihrer Nachbarinnen bemerkte.

Draußen, vor den Synagoge, versammelten sich unterdessen jene, die den Gottesdienst unter Protest verlassen hatten, und warteten, daß Jesus herauskommen würde. Als er schließlich neben dem Rabbi vor die Tür trat, riefen sie drohend: »Überlaß ihn uns, Rabbi!«

Ein paar junge Burschen brüllten: »Stoßt ihn den Steilhang vor der Stadt hinunter!«

In dem entstehenden Handgemenge packten einige Männer Jesus und zerrten und stießen ihn die Straße entlang. Da er ihnen keinen Widerstand leistete, ließ ihre Entschlossenheit aber mit jedem Meter nach. Am Rande des Steilhangs stand er ihnen endlich Auge in Auge gegenüber, und da er sie prüfend und furchtlos anblickte, verstummten sie, bildeten plötzlich – wie nach geheimer Übereinkunft – eine Gasse und ließen ihn frei. Ruhig ging Jesus zwischen ihnen hindurch und wandte sich der Straße nach Kapernaum zu.

Es folgten ihm aber zwei Männer, die ihm schon in der Synagoge aufgefallen waren, weil sie nicht in den Lärm der anderen eingestimmt hatten.

»Herr«, sprach ihn einer der beiden an, als Jesus sich umwandte. »Ich heiße Andreas und dies hier ist Philippus. Johannes der Täufer schickt uns zu dir. Wir sind Fischer vom See Genezareth.«

»Nun, dann haben wir denselben Weg«, sagte Jesus. »Ich will nach Kapernaum. – Wo ist Johannes jetzt?«

»Herodes Antipas hat ihn ins Gefängnis geworfen«, antwortete Philippus. »Johannes hat in seiner letzten Predigt wieder einmal über den Ehebruch gesprochen, den Antipas begangen hat, als er Herodias, die Frau seines Bruders, heiratete.«

»Aber bevor die Soldaten ihn abführten«, mischte sich Andreas ein, »hat uns Johannes noch einmal gesagt, daß nicht er der Messias ist, wie viele glauben, sondern daß wir dir nachfolgen müssen.«

Am folgenden Tag sprach Jesus vor der Synagoge von Kapernaum zu einer Gruppe von Menschen, in der auch der junge Johannes stand, der viele Jahre später eines der vier Evangelien schreiben sollte. Johannes hörte aufmerksam zu, als Jesus sagte: »Ich bringe euch die frohe Botschaft, auf die ihr alle so lange gewartet habt. Heute erfüllt Gott sein Versprechen, das er dem Volk Israel gegeben hat, und versöhnt sich mit euch. Wer an diese Verheißung glaubt, wird aus der Knechtschaft der Sünde befreit werden.«

In der Menge war ein Junge, der von einem Dämon besessen war. Als er die Worte Jesu hörte, warf er sich plötzlich auf den Boden, und der unreine Geist schrie aus ihm: »Was habe ich mit dir zu schaffen, Jesus von Nazareth? Bist du gekommen, um mich zu zerstören?«

Ohne daß sein Vater ihm helfen konnte, wälzte sich der gequälte Junge hin und her, und Schaum trat vor seinen Mund.

»Wie lange hat er das schon?« fragte Jesus den Vater.

»Seit er ein Kind ist«, antwortete der Mann. »Schon mehrmals hat der Dämon ihn ins

92

Feuer gestoßen oder ins Wasser getrieben, um ihn zu vernichten. Wenn du ihn davon befreien kannst, Rabbi, so hab Erbarmen und hilf ihm!«

Jesus antwortete: »Alles ist möglich dem, der glaubt.«

»Ich glaube, Herr«, sagte der verzweifelte Vater, »aber hilf meinem Unglauben!«

Da beugte sich Jesus über den schreienden Jungen und bedrohte den Dämon: »Sei still und fahre aus ihm aus!«

Im selben Augenblick riß der unreine Geist den schmächtigen Körper nach verschiedenen Seiten und stieß einen gellenden Schrei aus. Dann war alles still, und die Leute glaubten schon, der Junge sei tot. Aber er atmete tief, und allmählich kehrte eine gesunde Farbe in sein Gesicht zurück. Da nahm Jesus seine Hand, hob ihn vom Boden auf und sagte zu dem Vater: »Führ ihn nach Hause – und geht in Frieden!«

Früh am Morgen gingen Jesus, Andreas, Philippus und der junge Johannes am Ufer des Sees spazieren, um die hereinkommenden Fischerboote zu beobachten.

»Alle in unserer Familie sind Fischer«, sagte Johannes und warf mißmutig einen Kieselstein ins Wasser. »Nur mich hat man zur Schule geschickt, um etwas zu lernen.«

»Und was hast du gelernt?« fragte Jesus.

»Daß zwei und zwei manchmal vier sind; daß die meisten Menschen auf der Erde zu sein scheinen, damit sich einige wenige an ihnen bereichern können, und daß der Tod mit der Geburt beginnt.«

Er schaute Jesus an.

»Und ich habe außerdem gelernt«, fuhr er fort, »daß es nur ein Gesetz Gottes gibt. Die Sadduzäer lehren uns, daß die in der Thora niedergelegten Gebote allein gültig sind; aber die Pharisäer sagen, daß auch die vielen Regeln, die die Tradition dem Gesetz hinzugefügt hat, göttliches Recht seien. – Ich glaube, wir brauchen jemanden, der uns sagt, was wir tun sollen.«

Stimmen klangen über den See, und sie erkannten im Morgennebel zwei Fischerboote, die in den Hafen zurückkehrten.

Andreas zeigte über das Wasser und rief: »Da kommt mein Bruder Simon!«

»Und im zweiten Boot, das ist mein Bruder Jakobus«, sagte Johannes.

Ziemlich deutlich war zu hören, wie Simon mit lauter Stimme vor sich hin schimpfte. Andreas lachte entschuldigend: »Er meint es nicht so. Trotz seines Mundwerks ist er ein braver Kerl.«

Dann rief er: »Was ist los, Bruder? Hast du einen schlechten Fang gehabt?«

Simon blickte auf und sah die vier Männer am Strand.

»Schlecht? – Schlecht ist nicht das Wort! Nichts habe ich gefangen, rein gar nichts! Nur leere Netze bring' ich mit!«

Die Boote waren nun ganz nahe.

»Wenn nachher der Steuerpächter, diese stinkende Schmeißfliege, kommt, kann ich ihn wieder nicht bezahlen!«

Um seinen Bruder vor weiteren Zornesausbrüchen abzuhalten, zeigte Andreas auf Jesus und sagte: »Dies ist der Mann, von dem ich dir erzählt habe, Simon!«

Die Boote erreichten grade das Ufer. Simon schaute mißtrauisch zu Jesus und den andern hinüber.

»Holt eure Segel nicht ein«, sagte Jesus, der begann, durch das seichte Wasser auf Simons Boot zuzuwaten. »Fahrt auf den See zurück. Ich komme mit euch!«

»Aber wir kommen ja grade erst von dort zurück!« rief Simon ärgerlich. »Los, Leute, zieht die Boote auf den Strand!«

Andreas, der hinter Jesus stand, schaute seinen Bruder befehlend an. »Bitte, tue, was er dir sagt!«

Simon hatte eine scharfe Antwort auf der Zunge, aber dann überwältigte ihn die Neugier. Er wollte zu gerne einmal sehen, was dieser Prediger, von dem er in den letzten Tagen soviel gehört hatte, tun würde.

Jesus, der während der kurzen Auseinandersetzung der beiden Brüder gleichgültig über das Wasser geblickt hatte, stieg ins Boot und setzte sich ins Vorschiff. Als sie vom Ufer abstießen, beugte er sich über Bord und tauchte eine Hand ins Wasser. Simon und Andreas saßen nahe bei ihm. Auch Philippus war mit eingestiegen, während Johannes und sein Bruder Jakobus im zweiten Boot folgten.

Als sie in der Mitte des Sees waren, rief Jesus auf einmal: »So, jetzt werft eure Netze aus!«

»Ach, was soll denn das!« knurrte Simon ärgerlich. »Wir haben vorhin genau an dieser Stelle stundenlang gefischt und nichts gefangen!« Aber einem inneren Zwang folgend, sagte er schließlich: »Gut, wie du willst!«

Und gemeinsam mit Jakobus warf er die Netze zwischen beiden Booten aus und spannte die Seile.

Plötzlich riefen die Männer aufgeregt: »Zieht, zieht, zieht!« Und als sie mit vereinten Kräften die Netze bis dicht unter die Wasseroberfläche gehievt hatten, sahen sie, daß sie vor Fischen fast zu bersten drohten.

Fest das Tau haltend, drehte sich Simon zu Jesus um und fragte leise, mit unverkennbarer Angst in der Stimme: »Wer bist du? – Was tust du?«

Jesus aber lächelte ihm beruhigend zu und sagte: »Fürchte dich nicht, Simon! Folge mir nach, denn von nun an sollst du Menschen fischen.«

Als die Netze über Bord gezogen waren, füllte der ungewöhnlich große Fang beide Boote, so daß sie tief und schwer im Wasser lagen und nur langsam in den Hafen zurückkehren konnten.

Simon lud Jesus und alle, die mit ihnen in den Booten gewesen waren, nach Hause ein. Viele Menschen folgten ihnen vom Hafen durch die Stadt und drängten sich in den Hof des kleinen Hauses. Zwei Männer trugen auf einem Bett einen Gelähmten heran, und da der Hof bereits so überfüllt war, daß sie den Kranken nicht mehr hineinbrachten, stiegen sie mit ihm über die Außentreppe aufs Dach.

Im Haus lag unterdes Simons Schwiegermutter mit starkem Fieber auf ihrer Matte. Als Jesus sie sah, legte er ihr die Hände auf den Kopf, und das Fieber verließ sie augenblicklich. Sie stand sogleich auf und bereitete – nach einem Moment der Überraschung – für alle einen Imbiß.

»Kaum zu glauben«, sagte sie später zu ihrer Nachbarin, »er kam herein, und ich war gesund!«

Während die Männer noch beim Essen waren, wurde es im Hof plötzlich laut. Der

Steuerpächter Matthäus war mit zwei Leibwächtern erschienen und bahnte sich einen Weg durch die Menge, die ihn beschimpfte und verfluchte. Zöllner und Steuerpächter waren nämlich im damaligen Palästina die am meisten verachtete Menschengruppe. Sie galten weit weniger als Prostituierte, und man sah in ihnen Verräter und Betrüger zugleich. Dem römischen Verwaltungssystem entsprechend, pachteten sie ganze Provinzen mit allen zollpflichtigen Brücken und Straßen und führten den festgesetzten Steuer- und Zollbetrag im voraus an die Besatzungsmacht ab. Ihr Geschäft war es, nun ein Mehrfaches dieser Summe aus ihrem Pachtgebiet herauszupressen. Dieses System war überall im Römischen Reich üblich, aber nirgendwo so verpönt wie bei den Juden, denn kein anderes Volk war mit der Besatzungsmacht so unzufrieden wie sie, und nirgendwo sonst gab es eine so strenge moralische Verdammung des Wuchers, der als eine schwere Verletzung des göttlichen Gebotes galt. Den Steuerpächtern war es darum verboten, Synagogen zu betreten oder vor Gericht als Zeugen auszusagen, und sie durften auch in kein Privathaus hinein, sondern mußten auf der Schwelle warten, um das Haus nicht zu verunreinigen. Übrigens verunreinigte sich – umgekehrt – auch jeder, der das Haus eines Steuerpächters betrat.

Als Matthäus sich mit seinen Leibwächtern dem Eingang näherte, schrie Simon darum sofort: »Verschwinde von hier, du Halsabschneider. Ich will, daß mein Haus sauber bleibt!«

Jesus aber trat vor die Tür und sagte zu Matthäus: »Ich weiß zwar nicht, wie du heißt, aber du scheinst hier nicht willkommen zu sein.«

»Ich heiße Matthäus oder Levi, Herr«, sagte Matthäus, sichtlich überrascht, daß jemand zu ihm sprach, ohne dabei ein Schimpfwort zu benutzen. »Ich bin unter beiden Namen bekannt.«

»Und noch unter manchem anderen!« rief Simon spöttisch.

»Ich denke«, fuhr Matthäus zu Jesus gewandt fort, ohne Simon eines weiteren Blickes zu würdigen, »daß wir noch geschäftlich miteinander zu tun bekommen werden.«

Dabei begann er, sich rückwärts aus dem Hof zurückzuziehen.

»Wohnst du in der Nähe, Matthäus«, fragte Jesus lächelnd.

»Warum?« Der Steuerpächter blieb stehen.

»Weil ich mich gerne heute zum Abendessen bei dir einladen möchte.«

Matthäus glaubte, nicht recht verstanden zu haben. »Wa-was?« fragte er.

»Du könntest mich zum Abendessen einladen«, lachte Jesus.

»Ja, aber...« Der Steuerpächter wußte nicht so recht, wie er sich verhalten sollte. »Du willst das Haus eines Unreinen betreten?«

»Ich gehe in jedes Haus, in dem ich willkommen bin!« antwortete Jesus so laut, daß es alle verstehen konnten.

Im Gesicht des Zöllners ging eine seltsame Veränderung vor. Die Augen, die eben noch feindlich und abwehrend geblickt hatten, wurden warm und begannen zu strahlen, und die Züge, die hart und verschlossen schienen, wurden als Maske erkennbar, die sich ein einsamer Mensch vorbindet, um sich vor seinen Feinden zu verbergen.

»Rabbi!« Matthäus flüsterte vor Verwirrung. »Du und alle, die du mitbringen möchtest, sind willkommen in meinem Haus!«

Rasch wandte er sich ab und lief, ohne sich weiter um seine Leibwächter zu kümmern, davon.

95

Nun ereignete sich etwas, was – verständlicherweise – den Zorn Simons aufs äußerste erregte. Als Jesus und er ins Haus zurücktraten, waren die beiden Männer, die den Gelähmten aufs Dach getragen hatten, nämlich grade dabei, ein Loch durch die Decke zu stoßen. Das war nicht sehr schwierig, denn die flachen galiläischen Häuser hatten nur ein Dach aus verputzten Balken, deren Zwischenräume mit gepreßtem Schilf ausgefüllt waren. Hatte man Ziegel und Putz erst einmal abgetragen und die Füllung herausgedrückt, war der Weg in den darunterliegenden Raum frei.

»Wollt ihr mein Haus zerstören?« schrie Simon zu den Männern hinauf, die sich anschickten, das Bett des Gelähmten an Stricken hinunterzulassen.

»Anders können wir ja nicht rein«, verteidigten sie sich, und schon seilten sie das Bett ab und stellten es mitten in die Stube.

Als Jesus den Glauben dieser Männer sah, sagte er zu dem Gelähmten: »Mensch, deine Sünden sind dir vergeben!«

Unter denen, die sich im Hof drängten und durch die Tür alles mitansehen konnten, waren auch Schriftgelehrte und Pharisäer.

»Rabbi«, rief einer von ihnen, »was du da sagst, ist Blasphemie, denn wer könnte Sünden vergeben außer Gott?«

Jesus wandte sich zu ihm um und fragte ihn: »Was ist leichter – zu sagen: Deine Sünden sind dir vergeben, oder zu sagen: Steh auf und geh umher? – Damit du weißt, daß der Sohn des Menschen Macht hat, Sünden zu vergeben, höre dies!«

Und er wandte sich wieder dem Gelähmten zu, lächelte ihn an und sagte: »Steh auf, nimm dein Bett und geh in dein Haus!«

Sofort erhob sich der Lahme, nahm das Bett, auf dem er so viele Jahre gelegen hatte, und ging, gefolgt von seinen Freunden, durch die sich bildende Menschengasse davon.

Das Haus des Matthäus war eines der größten und schönsten im Ort, aber es stand ein wenig abseits, so, als ob die anderen Gebäude seine Gesellschaft meiden wollten.

In der Küche des Hauses war den ganzen Tag über gebacken und gebraten worden, denn Matthäus hatte in größter Eile nicht nur ein kleines Abendessen, sondern ein Riesenfest organisiert, an dem alle seine Freunde teilnehmen sollten.

Die Idee, am Tisch eines Zöllners zu essen, war den Jüngern ein Greuel.

»Er ist sich scheinbar nicht klar darüber, was das für einen Skandal gibt«, knurrte Jakobus. »Du mußt ihm das ausreden, Simon!«

»Ich hab' ja schon alles versucht! Es ist sinnlos!« Simon schüttelte ärgerlich den Kopf.

»Dann versuch's nochmal!« ermunterte ihn Jakobus.

Andreas, der ein finsteres Gesicht machte, prophezeite: »Das ist sein Ende! Kein anständiger Mensch wird ihm mehr zuhören, wenn er in dieses Haus geht!«

Als Jesus zu ihnen trat, sagte Simon wütend: »Dieser Matthäus ist ein Schmarotzer und Blutsauger, der hart arbeitende Leute um ihren letzten Pfennig bringt. Ich hasse ihn!«

»Warum kommst du dann nicht mit?« fragte Jesus ungerührt. »Du bist doch eingeladen, und vielleicht findest du ihn sogar ganz nett, wenn er dir ausnahmsweise einmal kein Geld abnimmt.«

»Niemals!« schrie Simon. »Das wäre so, als wenn ich mit Schweinen fressen und saufen wollte!«

96

In der Nähe von Matthäus' Haus warteten bereits viele Neugierige, um zu sehen, ob Jesus es wirklich wagen würde, die Wohnung eines »Unreinen« zu betreten. In der Menge waren auch der Oberrabbiner von Kapernaum und einige Pharisäer, die sich in düsteren Warnungen ergingen.

Als Jesus endlich erschien, rief einer der Pharisäer: »Es ist eine Schande, daß du mit solchen Leuten zu Tisch sitzen willst! Weißt du denn nicht, wer sie sind? Nichts als Diebe, Huren, Wucherer und Gottlose!«

Der Oberrabbiner fügte hinzu: »Es sind Sünder, die sich kein Vergnügen versagen und sich an kein Gebot halten. – Wir kämpfen mit unserem inneren Feind, um den Forderungen des Gesetzes Genüge zu tun und vor Gott angenehm zu sein. Diese aber machen nicht einmal den Versuch! Wenn du dich in ihre Gesellschaft begibst, wirst du zum Außenseiter wie sie selbst!«

Jesus antwortete ruhig: »Nicht die Gesunden brauchen den Arzt, sondern die Kranken. Ich bin nicht gekommen, um die Gerechten zur Umkehr zu rufen, sondern die Sünder. Und ich sage euch, sie werden eher ins Himmelreich kommen als ihr!«

Matthäus wartete inmitten seiner Gäste gespannt darauf, ob Jesus wirklich eintreten würde. Wie die Pharisäer gesagt hatten, war bei ihm die bunte Gesellschaft all jener versammelt, mit denen die rechtschaffenen Bürger von Kapernaum nichts zu tun haben wollten.

Als Jesus den Raum betrat, lächelte er Gastgeber und Gästen fröhlich zu, so, als ob sein Besuch überhaupt nichts Besonderes sei, und sagte den traditionellen Segensspruch: »Friede diesem Hause!«

Matthäus drängte einen jungen Burschen nach vorne und stellte ihn vor: »Das ist mein Bruder Jakobus. Er hat denselben Beruf wie ich!«

Jesus streckte beiden freundschaftlich die Hand entgegen, und der junge Jakobus (den die Bibel mit dem Zusatz »Sohn des Alphäus« bezeichnet, damit man ihn nicht mit Jakobus, dem Bruder des Johannes, verwechselt) hob sein Glas und sagte: »Im Namen aller trinke ich auf dein Wohl. Jeder von uns hier kann aus dem einen oder anderen Grund die Plätze, an denen du predigst, nicht betreten. Darum sind wir doppelt froh, daß du zu uns gekommen bist und wir dich in diesem Haus hören können!«

Nachdem das erste Glas geleert war, setzte sich Jesus in die Nähe der offenen Tür, damit alle – auch die, die draußen geblieben waren – die Geschichte hören konnten, die er nun erzählen wollte.

»Ein Mann hatte zwei Söhne«, begann er. »Der jüngere stellte sich eines Tages vor seinen Vater hin und sagte: ›Gib mir heute schon den Teil deines Vermögens, den ich einmal erben soll! Ich mag nicht länger bei dir wohnen, sondern will fortgehen und mir mein Leben einrichten, wie es mir gefällt!‹

Der Vater teilte sein Erbgut also unter seine beiden Söhne auf, denn er wollte den jüngeren nicht gegen dessen Willen festhalten.

Der junge Mann füllte das reiche Erbe in seinen Beutel, und wenige Tage später verließ er Heimat und Familie und zog erwartungsfroh in die Freiheit, um sein Leben zu genießen.

Er kam in ein fremdes Land und gewann dort viele Freunde, denn wo er auftauchte, ging es lustig zu. Die Goldstücke rollten, der Wein floß in Strömen, und es wurde gegessen, gesungen, getanzt und gelacht. Kurz – der junge Mann führte ein angenehmes Leben.

Aber dann kam der Tag, an dem sein Beutel leer und das Erbe aufgebraucht war. Da waren plötzlich auch die Freunde fort, und er saß allein in der Fremde.

Im selben Jahr gab es eine Mißernte. Er litt Hunger, und keine Arbeit war zu finden, mit der er sich ein Auskommen hätte verdienen können, so sehr er auch suchte. Schließlich ließ ein reicher Mann ihn seine Schweine hüten. Die mußte er Tag für Tag füttern, und wenn er ihnen ihren Fraß in die Tröge schüttete, hätte er sich am liebsten selbst hinuntergebückt und davon gegessen, so sehr hungerte ihn.

Da sah er im Geist das Haus seines Vaters vor sich und wie die Menschen dort heiter und sorglos umhergingen, denn der Vater sorgte für alle. Der geringste Knecht, jeder Tagelöhner hatte Brot genug. Er aber, der Sohn dieses Vaters, kam hier im fremden Land vor Hunger um. Als seine Verzweiflung so groß geworden war, daß er seinen Stolz überwand, dachte er: Ich will zu meinem Vater gehen und zu ihm sagen: ›Vater, ich habe gesündigt gegen Gott und gegen dich! Ich bin nicht mehr wert, dein Sohn zu sein. Aber nimm mich wieder bei dir auf als einen Tagelöhner und laß mich in deiner Nähe leben.‹

Der Vater aber hatte in all der Zeit, die sein Sohn fern von ihm verbracht hatte, an ihn gedacht. Als er, wie es seine Gewohnheit war, auf das Dach seines Hauses stieg, um in die Ferne zu schauen, da erkannte er schon von weitem die zerlumpte Gestalt, die sich näherte.

Er eilte hinaus, lief dem Sohn entgegen, umarmte ihn und sah ihn liebevoll an.

Der Sohn aber sprach: ›Vater, ich habe gesündigt gegen Gott und gegen dich. Ich bin nicht mehr wert, dein Sohn zu sein.‹ Doch der Vater lief eilig ins Haus zurück und rief den Dienern zu: ›Schnell, bringt mir das beste Kleid heraus! Und Schuhe! Und einen Ring! Schlachtet das gemästete Kalb! Wir wollen ein großes Fest feiern und fröhlich sein! Denn mein Sohn war tot und ist wieder lebendig geworden. Er war verloren und wurde wiedergefunden.‹

Und der Vater legte dem Sohn das Festgewand an, zog ihm Schuhe an die zerschundenen Füße, steckte ihm einen goldenen Ring an die Hand und führte ihn ins Haus.

Dort feierten sie und ließen es sich wohl sein.

Der ältere Sohn aber war noch auf dem Feld. Wie jeden Tag arbeitete er hart für seinen Vater. Alle Jahre, während sein Bruder weg war, hatte er, ohne zu murren, das getan, was er als seine Pflicht ansah. Jetzt kam er von der Arbeit nach Hause. Von weitem schon hörte er die Musik und das Lachen und Trampeln der Feiernden. Als er näherkam, sah er das festlich geschmückte Haus und roch den Duft der köstlichen Speisen.

Mißtrauisch rief er einen Knecht herbei und fragte: ›Was soll das?‹ und hörte die Antwort: ›Dein Bruder ist nach Hause zurückgekehrt! Dein Vater hat das gemästete Kalb schlachten lassen und feiert ein Freudenfest!‹

Da zog ein tiefer Groll in das Herz des älteren Bruders ein, und er betrat das Haus seines Vaters nicht.

Der Vater aber kam heraus zu ihm und bat ihn, mitzufeiern. Doch der Sohn wollte nicht.

›Alle Jahre habe ich dir treu gedient‹, klagte er, ›und alles getan, was du mich geheißen hast. Aber für mich hast du niemals auch nur einen Bock geschlachtet. Jetzt aber, wo dieser Taugenichts zurückgekommen ist, schlachtest du das gemästete Kalb!‹

Der Vater antwortete: ›Mein lieber Sohn, du bist immer bei mir. Alles, was ich habe, gehört auch dir. Sei doch nun fröhlich mit uns: denn dein Bruder war tot und ist wieder lebendig. Er war verloren und ist wieder bei uns.‹«

Als Jesus die Geschichte beendet hatte, herrschte drinnen wie draußen tiefes Schweigen. Alle hatten genau verstanden, was er mit diesem Gleichnis hatte sagen wollen. Simon, der am nächsten bei der Tür stand, trat schüchtern über die Schwelle, nickte Matthäus und seinen Gästen zu und fiel dann Jesus zu Füßen.

»Herr«, sagte er erschüttert, »ich bin nicht würdig, dir zu folgen.«

Jesus aber hob ihn liebevoll auf und sagte: »Ich freue mich, daß ein älterer Sohn die Einladung angenommen hat und an unserem Fest teilnehmen will.«

Vor den Toren der Festung Machaerus, wo die Geburtstagsfeierlichkeiten für Herodes Antipas vorbereitet wurden, protestierten Demonstranten aus dem nahen Jericho gegen die Einkerkerung Johannes des Täufers. Johannes' war verhaftet worden, weil er Antipas und Herodias öffentlich des Ehebruchs bezichtigt hatte.

»Laßt ihn frei!« riefen die Demonstranten. »Freiheit für den Täufer!« Dazwischen hörte man aber auch drohendere Stimmen, die »Tyrann!« oder »Ehebrecher!« riefen.

Der Aufruhr war so groß, daß der Lärm durch die dicken Mauern des Kastells bis ins Arbeitszimmer des Herodes drang. Der Tetrarch, an Feindseligkeiten und politische Kundgebungen aller Art gewöhnt, war nicht sonderlich beeindruckt, sondern ließ eine Hundertschaft Soldaten ausrücken und die Demonstration zerstreuen. Dann stieg er die Treppe zu den Verliesen hinunter und suchte Johannes in seinem Kerker auf. Das hatte er schon mehrmals getan, und nach jedem Gespräch mit dem Täufer war sein Respekt für diesen unbeugsamen Mann größer geworden.

»Deine Anhänger machen mir Schwierigkeiten«, eröffnete er diesmal das Gespräch. »Sie kommen täglich von Jericho herüber und demonstrieren vor den Toren. Ein Mann wie mein Vater hätte mit diesen Burschen längst kurzen Prozeß gemacht – aber ich hasse Gewalttätigkeiten! Sage mir, was ich tun soll, um von dir und deinen Leuten in Ruhe gelassen zu werden. Du kannst mir glauben – die Heirat mit Herodias tut mir schon lange leid. Ich weiß, daß sie meinen Stiefbruder nur verlassen hat, weil sie sich an meiner Seite ein glanzvolleres Leben und größeren politischen Einfluß erhoffte. Wenn ich könnte, würde ich sie noch heute zu ihm zurückschicken. Aber was geschehen ist, ist geschehen, und ich kann es nicht mehr ändern! Was aber würde geschehen, wenn ich dich freiließe? Würdest du dann auf deine rebellischen Predigten verzichten?«

»Mein Auftrag ist erfüllt!« sagte Johannes, ohne den Tetrarchen anzublicken. Er sprach leise, denn er war erschöpft, und die schweren Ketten schmerzten ihn bei jeder Bewegung. »Ich war der Bote und habe den Weg für einen Größeren bereitet, der nun erschienen ist.«

An der Abendtafel wurde über nichts anderes als über die bevorstehenden Geburtstagsfeierlichkeiten gesprochen.

»Was hältst du davon«, fragte Herodes einen seiner Ratgeber, »wenn ich zu meinem Geburtstag als besonderen Gnadenakt den Täufer freiließe? Das wäre eine volkstümliche Geste, die mich nichts kostet, und würde den Pöbel zufriedenstellen!«

»Aber dieser Mann würde Tag für Tag das Volk gegen uns aufhetzen!« zischte Herodias über den Tisch.

»Er sagt, sein Auftrag sei erfüllt«, antwortete Antipas ärgerlich, denn er haßte es, wenn sich Herodias in die Gespräche mit seinen Ratgebern einmischte.

»So! – Und wer garantiert dir das?« Herodias kniff die Augen zu schmalen Schlitzen zusammen. »Zumindest solltest du nichts übereilen. Warte ab, wie sich die Dinge entwickeln . . . Diesen Johannes kannst du immer noch freilassen.«

Dann, als sei ihr das Thema nicht wichtig genug, fuhr sie fort: »Für das Programm nach dem Geburtstagsbankett ist mir übrigens noch etwas Hübsches eingefallen. Wir sollten Salome für die Gäste tanzen lassen.«

Salome war Herodias' Tochter, und schon seit einiger Zeit hatte die verblühende Frau voller Eifersucht bemerkt, wie sehr das junge Mädchen dem Antipas gefiel. Nur auf die Verwirklichung ihrer ehrgeizigen Pläne bedacht, hatte sie aber sofort begriffen, daß die Schönheit Salomes und die lächerliche Lüsternheit des alternden Antipas ein nahezu ideales Mittel für sie waren, ihre eigenen Interessen durchzusetzen.

Jesus und die kleine Gruppe seiner Jünger hatten Kapernaum verlassen und verbrachten die Nacht unter freiem Himmel. Jesus schlief dicht beim Feuer, und Philippus, Jakobus und Andreas saßen in seiner Nähe und sprachen leise miteinander. Matthäus, der zusammen mit seinem Bruder das Zollhaus verlassen hatte und nun zu ihnen gehörte, saß ein wenig abseits und beobachtete Simon, der von Jesus den Beinamen Petrus erhalten hatte und auch von allen Jüngern so genannt wurde. Er hatte mit seiner Frau und seiner Schwiegermutter am Rande des Feldes eine erregte Auseinandersetzung. Matthäus konnte zwar nicht hören, was sie miteinander sprachen, aber sogar im Zwielicht des Feuers war deutlich zu erkennen, daß die beiden Frauen ihm heftige Vorwürfe machten. Schließlich gingen sie weg, und Simon Petrus kam herüber und setzte sich neben ihn.

»Weiber!« sagte er verächtlich. »Wenn sie wenigstens einmal zuhören würden, was man ihnen sagt. Ich habe meiner Frau hundertmal erklärt, daß die Zeit zum Fischen jetzt ungünstig ist und daß ich im Frühjahr nach Hause zurückkomme; aber nein, da wird gejammert und geklagt, als ob ich für immer wegginge!«

»Das wirst du auch!« sagte Matthäus.

»Das werd' ich nicht!«

»Doch!« Matthäus war sehr bestimmt. »Du wirst nie wieder fischen, und du wirst nie wieder in Kapernaum in deinem Haus wohnen. Nichts wird wieder so sein wie früher! – Das, worauf Jahrtausende gewartet haben, ist eingetreten, und wir sind die ersten Zeugen.«

Am nächsten Morgen, als sie zum Seeufer hinuntergingen, wurden sie von vielen Menschen begleitet. Jairus, einer der Vorsteher der Kapernaumer Synagoge, versuchte, sich zu Jesus durchzudrängen.

»Rabbi!« rief er. »Meine kleine Tochter liegt im Sterben!« Seine Stimme klang so verzweifelt, daß ihm die Leute den Weg freimachten, und er fiel vor Jesus nieder.

»Bitte, komm mit mir und lege deine Hände auf sie, dann wird sie gesund werden und am Leben bleiben.«

»Bringe mich zu ihr«, sagte Jesus, und zusammen mit den Jüngern folgte er Jairus, der voller Angst, zu spät zu kommen, immer schneller lief. Am Ortseingang von Kapernaum kamen ihnen jedoch schon einige Männer entgegen und riefen Jairus zu: »Deine Tochter ist gestorben! Es hat keinen Sinn mehr, den Rabbi zu bemühen.«

Als hätte er nicht gehört, legte Jesus beruhigend eine Hand auf die Schulter des Jairus und sagte: »Fürchte dich nicht, glaube nur!«

Im Haus hatte die Totenklage schon begonnen. Verwandte, Nachbarn und gemietete Klageweiber hockten um das Bett des Mädchens und stießen laute Schreie und Jammerlaute aus.

»Was lärmt und weint ihr?« fragte Jesus, als er den Raum betrat. »Das Kind ist nicht gestorben – es schläft.«

Thomas, ein Diener des Jairus, sah Jesus verächtlich an und rief: »Wer bist du, daß du unsere Trauer verspotten darfst? Wir wachen seit Stunden neben dem Bett und haben gesehen, wie das Mädchen gestorben ist!«

Jesus trat an das Lager des Kindes, ergriff seine Hand und sagte: »Mädchen, steh auf!«

Sogleich richtete es sich von seinen Kissen auf, erhob sich vom Bett und ging im Raum hin und her. Die Menschen, die das miterlebten, waren stumm vor Staunen und konnten nicht fassen, was sie sahen.

»Gebt ihr zu essen«, sagte Jesus. Und sie brachten ihr zu essen und sahen, wie sie aß und daß sie wirklich lebendig war.

»Übrigens könnten wir alle etwas zu essen gebrauchen«, wandte Jesus sich jetzt an Thomas, und der Diener ging sogleich hinaus und kehrte nach ein paar Minuten mit einer Schüssel Hirsebrei und gebratenem Fleisch zurück.

Als Jesus und die Jünger aßen, setzte er sich zu ihnen und sagte zögernd: »Entschuldige meine scharfe Antwort von vorhin, Rabbi, aber ich habe wirklich gedacht, das Kind sei tot!« Dann, als habe er sich anders besonnen, setzte er hinzu: »Und es war auch tot! Ich habe es mit eigenen Augen gesehen!«

»Glaubst du nur, was du mit deinen Augen siehst, Thomas?« fragte Jesus lächelnd.

»Ja«, sagte der junge Mann. »Obwohl ich an dem zweifeln muß, was ich heute gesehen habe!«

»Wer zweifelt, möchte Sicherheit«, sagte Jesus, »und sucht die Wahrheit. – Suchst du die Wahrheit, Thomas?«

»Ja, Herr, und ich möchte sicher sein!«

Jesus sah ihn lange an und sagte schließlich: »Dann folge mir nach!«

Im Festsaal der Burg lagen die Gäste des Tetrarchen nach römischer Sitte zu Tisch. Zu seinem Geburtstag hatte Herodes Antipas die Mitglieder vornehmer Jerusalemer Familien, hohe römische Offiziere und die Noblen seines Hofes zu einem üppigen Festmahl eingeladen. Zu vorgerückter Stunde waren Gastgeber und Gäste ziemlich betrunken, und Antipas machte jetzt aus seiner Begierde nach Salome nicht mehr das geringste Hehl. Herodias, die den Zeitpunkt für geeignet hielt, beugte sich zu ihrer Tochter hinüber, flüsterte ihr etwas ins Ohr und gab den Musikern ein Zeichen.

Salome erhob sich, küßte ihren Stiefvater spielerisch auf die Wange und ging in die Mitte des Saals. Hier begann sie langsam zu tanzen. Zuerst bewegte sie sich – hin und her schreitend – wie im Traum; aber mit sich steigerndem Rhythmus wurden ihre Bewegungen schneller und schneller. Ihre Füße berührten nur noch leicht den Steinboden, der Körper drehte sich wirbelnd, und die Trommeln hämmerten dazu wild und rasend. Im flackernden Licht der Fackeln huschte Salomes Schatten über die Wände, näherte sich dem Antipas wie eine Versprechung und glitt wieder davon. Die Erregung des tanzenden Mädchens griff auf die Gäste über und brachte den Tetrarchen fast außer sich. Als die Musik auf dem Höhe-

101

punkt war und plötzlich abbrach, rief er in den Saal: »Bei meinem Leben, sie bekommt von mir alles, worum sie mich bittet – und wenn es halb Judäa wäre!«

Die Gäste applaudierten wie toll, die Musik setzte wieder ein, und Salome verbeugte sich mädchenhaft lächelnd und ging auf den Platz an der Seite ihrer Mutter zurück.

Antipas unterbrach die Musiker mit einer herrischen Geste und fragte: »Nun, mein Kind, was wünschst du dir?«

Das Mädchen lächelte ihn unter halb geschlossenen Augenlidern hervor an und beriet sich dann flüsternd mit Herodias. Schließlich sagte es fast scheu: »Ich will den Kopf Johannes' des Täufers auf einer Schüssel!«

Bei diesen Worten breitete sich Eiseskälte in der Festhalle aus, und jeder Laut erstarb. Herodes starrte, nur langsam begreifend, auf seine Stieftochter, und nach schier endlosem Schweigen antwortete er flüsternd: »Dieser Wunsch stammt nicht von dir. Ich kann ihn nicht erfüllen. – Bitte mich um etwas anderes!«

Herodias, die ihn die ganze Zeit mit starren Augen gemustert hatte, rief mit boshaftem Lächeln: »Vergiß nicht, daß du vor dieser Gesellschaft bei deinem Leben geschworen hast. Oder willst du, daß dein Fürstenwort in diesem Lande nicht mehr ernstgenommen wird und man dich für einen Schwätzer hält?«

Herodes blickte sie haßerfüllt an. Dann winkte er schweigend die Wache heran und gab mit fast tonloser Stimme den Befehl, Johannes den Täufer zu töten.

Schon nach wenigen Minuten kehrten die Soldaten zurück. Der erste, der den Raum betrat, trug eine silberne Schüssel in den ausgestreckten Händen, die mit einem weißen Tuch bedeckt war, und überreichte sie Salome. Das Mädchen, von der schrecklichen Stille im Saal eingeschüchtert, gab die Schüssel hastig an ihre Mutter weiter.

Fasziniert starrte Herodias auf das verdeckte Gefäß. »Es ist aber dein Geschenk, Salome!« sagte sie beinahe zärtlich – und dann riß sie das Tuch von der Schüssel.

Die Jünger des Johannes begruben den geköpften Leib des Propheten in der judäischen Wüste. Unter denen, die sich am Grabe versammelt hatten, waren auch einige Zeloten, von denen einer einen Mann namens Judas Ischarioth mit zum Begräbnis gebracht hatte.

Nachdem der Grabhügel mit Steinen bedeckt worden war, sagte er bitter: »Noch müssen wir gegen die fremden Herren und ihren Speichellecker Herodes im Verborgenen kämpfen – aber der Tag ist nicht mehr fern, wo der Kampf – Mann gegen Mann – in den Straßen unserer Städte geführt werden wird!«

»Du meinst Krieg?« fragte Judas Ischarioth. »Einen Krieg des Volkes Israel gegen das Römische Reich?«

»Ja, an dem Tag, an dem Gott uns den Messias schickt, beginnt der Krieg!«

»Was ist mit diesem Jesus von Nazareth?« fragte ein anderer Zelot. »Ist er wirklich der Mann, für den Johannes den Weg bereitet hat?«

»Ich habe ihn schon ein paarmal gesehen und gehört«, antwortete Judas Ischarioth. »Er verfügt über eine große, geheimnisvolle Kraft und könnte zweifellos das Schicksal unseres Volkes wenden. Aber ich glaube, man muß ihn erst in die richtige politische Richtung lenken. – Wenn er mich haben will, werde ich mich seinen Jüngern anschließen!«

»Gut«, antwortete der Zelot, der den Krieg prophezeit hatte, »gib uns auf jeden Fall Nachricht über alles, was du siehst und hörst.«

4
DIE AUSSENDUNG DER ZWÖLF

PHOTOGRAPHIEN

1 *Maria aus Magdala*

2 *Die Jünger versuchten, für Jesus Platz in der Menge zu schaffen*

3 *In Marias Augen trat ein Schimmer der Hoffnung*

4 *Josef aus Arimathäa*

5 *»Herr«, sagte Johannes, »wir müssen alle diese Leute wegschicken, denn wir haben nichts zu essen für sie.«*

6 *Und die Körbe leerten sich nicht*

7 *»Niemand von euch scheint begriffen zu haben, was das Kommen Jesu bedeutet«, sagte Simon der Zelot*

8 *Amos, der Führer der Zeloten, blieb in jeder Situation kühl und beherrscht*

9 *Das Mahl im Hause des Pharisäers*

10 *»Deine Sünden sind dir vergeben!«*

11 *Die zwölf Jünger waren Simon Petrus und sein Bruder Andreas; Jakobus, der Sohn des Zebedäus, und sein Bruder Johannes; Philippus und Bartholomäus; Thomas und Matthäus der Steuerpächter; Jakobus, der Sohn des Alphäus, und Thaddäus; Simon der Zelot und Judas Ischarioth*

12 *Johannes sah die Mutter Jesu lange an*

13 *»Nieder mit dem Tyrannen!«*

14 *»Ich hätte dabei getötet werden können«, sagte Antipas*

15 *Die gefangenen Zeloten wurden an Stricken aus ihren Zellen gezerrt und hingerichtet*

16 *Die Bergpredigt*

17 *»Weiche von mir, Satan!«*

18 *»Lazarus, komm heraus!«*

19 *»Ich glaube, daß du der Sohn Gottes bist!«*

In dem kleinen Ort Magdala wurde die Prostituierte Maria schlimmer als eine Aussätzige behandelt. Ihre Nachbarn verachteten sie und wandten sich ab, wenn sie ihr auf der Straße begegneten. Die Kinder riefen ihr Schimpfwörter nach und spielten ihr – wann immer sich die Möglichkeit dazu bot – bösartige Streiche. Und selbst die Freier drückten indirekt ihre Verachtung aus, indem sie sich heimlich wie Diebe zu ihr schlichen, um aus den umliegenden Häusern nicht beobachtet und erkannt zu werden. Allgemein war man sich darüber einig, daß eine »solche« Frau ein Schandfleck sei und eigentlich verschwinden müsse. Aber es war nicht so einfach, sie loszuwerden – und ernsthaft wollten es die meisten wohl auch nicht –, denn Maria verstand es nicht nur ausgezeichnet, sich ihrer Haut zu wehren, sondern war zudem reich. Und wenn man in »sauberen« kleinen Marktflecken etwas noch mehr schätzt als Sitte und Moral, so ist es gewiß das Geld. War Maria auch unbeliebt als Mensch, als Mieterin und Kundin war sie willkommen.

Einer ihrer regelmäßigen Freier, der Kaufmann Elihu, sagte eines Nachts beiläufig: »Übrigens war heute dein Freund im Ort.«

»Ich habe keine Freunde!« Marias Stimme klang kühl und abweisend.

»O doch, du hast«, antwortete Elihu spöttisch, »obwohl du ihn vielleicht gar nicht kennst. Es ist Jesus, dieser neue Prophet, von dem alle sprechen. Er nennt sich selbst einen Freund aller Ungerechten und Sünder und behauptet, für sie Vergebung erlangen zu können.«

»Hast du ihn gesehen?« fragte Maria neugierig.

»Gesehen?! – Wenn du so oft auf Geschäftsreisen bist wie ich, kannst du gar nicht umhin, ihn zu sehen! An jeder Ecke und in jedem Gasthof trifft man auf ihn und seine Jünger. Seit über einem Jahr macht er nun schon die Runde, und ich wundere mich, daß du ihn noch nie getroffen hast.«

»Vergiß nicht«, antwortete Maria, »daß ich tagsüber schlafe.«

»Ah ja, das hatte ich vergessen.« Elihu nahm seine Kleider und zog sich an. »Massen von Menschen versammeln sich, um seine Predigten zu hören oder sich von ihm heilen zu lassen. Morgen wird auch eine Gruppe aus Magdala zu ihm nach Kapernaum gehen.«

Elihu nahm seinen Mantel. »Schon ein merkwürdiger Prophet, dieser Jesus!« fuhr er fort. »Es scheint ihm überhaupt nichts auszumachen, in Gesellschaft von Dieben und Huren zu essen und zu trinken! Und er soll sogar einen Steuerpächter aufgefordert haben, sein Jünger zu sein.«

Ungeduldig nahm Maria das Geld, das Elihu ihr entgegenhielt, und brachte ihn zur Tür.

»Nächste Woche um die gleiche Zeit?« fragte er kurz.

Aber Maria schloß die Tür, ohne zu antworten. Sie warf sich auf ihr Bett und starrte gegen die Decke.

Am folgenden Morgen schloß sie sich der Gruppe an, die nach Kapernaum wollte. Die Sonne schien, und die Menschen waren in heiterer, fast ausgelassener Stimmung. Als Maria eine junge Familie sah, die ihr besonders gut gefiel – es waren Mann und Frau und ein kleiner Junge, der neben den Eltern herlief, und ein zweites Kind, das die Frau auf dem Arm trug, lächelte sie ihnen zu. Aber der junge Mann erkannte Maria und starrte sie mit eisigem Blick an. Da verlangsamte sie ihre Schritte und blieb hinter der Gruppe zurück, die nun von der Straße wegging und einen Acker überquerte.

Maria fühlte sich entmutigt und unglücklich und war fast schon entschlossen, umzukehren, als sie ein junges Mädchen sah, das vorsichtig einen Krug Wasser balancierte. Sie sah, wie es den Krug vom Kopf nahm und einer alten Frau reichte, die erschöpft am Wegrand saß. Als Maria sich den beiden näherte, rief das Mädchen aufgeregt: »Jesus und seine Jünger sind unten am See! Wenn wir hier über den Acker gehen, begegnen wir ihnen. Hilf mir bitte, die alte Frau hinzubringen. Sie ist krank, und wenn wir nicht . . .«

Die Alte blickte Maria geistesabwesend an und murmelte: »Ihn nur anfassen . . . nur anfassen . . . nur sein Kleid berühren. Ich weiß, er wird mich heilen!«

Maria sah auf das Mädchen und dann auf die alte Frau.

»Ja, wenn ihr glaubt, daß er helfen kann«, sagte sie, beugte sich hinunter und legte sich den Arm der alten Frau um den Hals.

Unten am Seeufer war Jesus von Hunderten von Menschen umringt. Die Jünger versuchten, mehr Platz für ihn in der Menge zu schaffen, aber da wandte er sich plötzlich um und fragte: »Wer hat meinen Mantel angerührt?«, denn er hatte gespürt, wie eine Kraft von ihm ausgegangen war.

Die Jünger wunderten sich, und Simon Petrus sagte: »Wie kannst du so etwas fragen, bei diesem Gedränge?«

Aber da sahen sie hinter ihm eine alte Frau, die vor Angst zitterte. Als alle sich nun der Alten zuwendeten und sie anblickten, trat sie vor, fiel vor Jesus nieder und sagte: »Herr, ich war es, die dein Kleid berührt hat. Ich bin seit zwölf Jahren krank und wußte . . .«

»Es ist gut!« Jesus sah sie freundlich an und hob sie auf. »Dein Glaube hat dich gerettet. Geh nun in Frieden nach Hause. Deine Krankheit wird dich nicht mehr quälen.«

Als die Menge eine Gasse bildete, um die alte Frau durchzulassen, trat ein junger Mann vor und fragte: »Guter Meister, was muß ich tun, damit ich das ewige Leben erwerbe?«

Jesus sah ihn prüfend an und sagte: »Warum nennst du mich gut? Niemand ist gut außer Gott! – Aber um deine Frage zu beantworten – du kennst die Gebote: Du sollst nicht ehebrechen; du sollst nicht töten; du sollst nicht stehlen; du sollst nicht falsches Zeugnis reden; ehre deinen Vater und deine Mutter!«

»Das alles tue ich und habe ich getan von Jugend an!« antwortete der junge Mann.

»Dann ist nur noch eines nötig.« Jesus schaute ihm ernst in die Augen. »Verkaufe alles, was du hast, und verteile das Geld an die Armen. Und dann komm und folge mir nach!«

Die Leute lachten, als sie diese Antwort hörten, denn sie alle wußten, daß der Fragesteller einer der reichsten Männer von Galiläa war. Der junge Mann selbst machte aber ein betrübtes Gesicht, und als Jesus seine Traurigkeit sah, sprach er: »Wie schwer kommen die Begüterten in das Reich Gottes. Leichter geht ein Kamel durch ein Nadelöhr!«

Johannes, dem der junge Mann leid tat, fragte: »Aber wer kann dann überhaupt gerettet werden? Wir alle besitzen doch irgend etwas?«

Jesus wandte sich ihm zu und sagte: »Fürchte nichts! Was unmöglich ist bei den Menschen, ist möglich bei Gott!«

Die Sonne stand inzwischen ziemlich hoch, und die Menschen suchten sich schattige Plätze. Jesus setzte sich unter einen großen Olivenbaum und begann seine Predigt:

Niemand kann zwei Herren dienen;
denn entweder wird er den einen hassen und den andern lieben,
oder er wird sich dem einen zugehörig fühlen
und den andern verachten.
Ihr könnt nicht gleichzeitig Gott dienen und dem Geld.
Deshalb sage ich euch:
Sorgt euch nicht um euer Leben,
und um das, was ihr essen und trinken sollt.
Sorgt euch nicht um euren Leib
und was ihr anziehen sollt!
Ist nicht das Leben mehr als die Speise
und der Leib mehr als die Kleidung?
Seht die Vögel des Himmels an!
Sie säen nicht und ernten nicht
und sammeln nicht in Scheunen,
und euer himmlischer Vater ernährt sie doch.
Seid ihr nicht viel mehr wert als sie?
Wer kann durch sein Sorgen
seinem Körper auch nur eine einzige Elle hinzufügen?
– Und warum sorgt ihr euch um die Kleidung?
Seht die Lilien des Feldes, wie sie wachsen!
Sie arbeiten nicht und spinnen nicht;
ich sage euch aber,
daß auch König Salomo in all seiner Pracht
nicht so schön gekleidet war wie eine von ihnen.
Wenn aber Gott das Gras des Feldes,
das heute steht und morgen in den Ofen geworfen wird, so kleidet,
wird er das nicht auch euch tun, ihr Kleingläubigen?
Darum sollt ihr euch nicht sorgen und sagen:
Was werden wir essen oder was werden wir trinken
oder womit werden wir uns kleiden?
Denn nach all diesen Dingen trachten die,
die Gott nicht lieben.
Euer himmlischer Vater weiß,
daß ihr all dieser Dinge bedürft.
Suchet vielmehr zuerst sein Reich und seine Gerechtigkeit!
Dann werden euch alle anderen Dinge geschenkt werden.
Darum sorgt euch nicht um den morgenden Tag,
denn der morgende Tag wird seine eigenen Sorgen haben.
Jeder Tag hat genug an seiner eigenen Plage.

Während der Predigt waren zwei Männer herangetreten, deren Auftreten und Kleidung ihre Würde und Bedeutung verrieten. Der eine war Josef von Arimathäa, ein Mitglied des Hohen Rates; der andere hieß Simon und war ein reicher und gebildeter Pharisäer. Sie hörten beide eine Weile zu, dann schlug Josef seinem Begleiter flüsternd vor: »Sollen wir diesen Jesus nicht zum Abendessen in dein Haus einladen?«

»Wenn du glaubst, daß er kommt«, antwortete der Pharisäer.

»Ein Mann mit seinem Geist«, sagte Josef und beantwortete Simons fragenden Blick, »wird sich nicht scheuen, seine Gedanken mit jedermann zu diskutieren.«

Etwas später, als die ersten Leute weggingen und Jesus und seine Jünger eine Ruhepause machten, trat Judas Ischarioth auf sie zu und sagte zu Jesus: »Herr, ich möchte dein Jünger sein! Sage mir, was ich tun soll?«

Jesus blickte ihn prüfend an und fragte: »Was ist dein Beruf, mein Freund?«

»Ich bin weder Holzschnitzer noch Kupferschmied oder Fischer, wie die anderen, die mit dir gehen. Mein Vater war ein wohlhabender Baumeister und ließ mich studieren. Ich kann Hebräisch, Griechisch, Latein und übersetze offizielle Dokumente, denn in unserem Lande werden heute ja viele Sprachen gesprochen.«

Die Jünger, die unterdes gekochten Fisch und Brot herumreichten, musterten Judas mißtrauisch. Was er sagte, klang für ihre Ohren zu selbstbewußt und hochfahrend.

»Kannst du einen Mann mit meinen Kenntnissen gebrauchen?« fragte Judas.

Jesus blickte ihn unverwandt an und meinte schließlich: »Der Baum ist an seinen Früchten zu erkennen. Komm und folge mir nach!«

Am späten Nachmittag saß Maria aus Magdala müde und erhitzt am Straßenrand. Ein Riemen ihrer Sandale war gerissen, und sie versuchte, sie so gut wie möglich zu flicken. Der Weg, den sie noch zu gehen hatte, war weit. Da sah sie die alte Frau und das Mädchen, denen sie am Vormittag geholfen hatte, die Straße heraufkommen. Das Mädchen erkannte Maria sofort und lief auf sie zu.

»Schau«, rief es, »es geht ihr besser!«

Die alte Frau, die langsamer hinterherkam, sagte freudig: »Ich berührte nur den Saum seines Kleides und war geheilt!«

Maria war aber zu entmutigt, um am Glück anderer Anteil zu nehmen. Sie war von den Worten Jesu, die sie gehört hatte, zwar sehr bewegt worden; aber unter all den Menschen, die so glücklich schienen, miteinander sprachen und lachten, hatte sie sich einsamer und ausgeschlossener gefühlt als sonst.

»Ich danke auch dir, meine Liebe«, fuhr die alte Frau fort, »denn ohne deine Hilfe wären wir nicht zu ihm gekommen. Sag mir, wie du heißt und wo du lebst.«

»Mein Name ist Maria, und ich wohne in Magdala.«

»Das ist noch weit von hier und du bist müde.« Die alte Frau berührte Marias Haar. »Möchtest du nicht mit uns kommen und bei mir übernachten?«

Maria freute sich über diese Einladung, denn so unverhoffte Freundlichkeiten erlebte sie nicht oft. Weil sie aber wußte, daß die Frau sie niemals eingeladen hätte, wenn sie geahnt hätte, wer da vor ihr am Straßenrand saß, war sie unsicher und lehnte ab.

»Nein, danke«, sagte sie. »Es ist besser, wenn ich nach Hause gehe.«

142

Die alte Frau berührte zum Abschied noch einmal dankend Marias Schulter und ging dann mit dem Mädchen langsam davon. Nun kam eine kleine Gruppe von Männern vorbei. Einer von ihnen verlangsamte seine Schritte und starrte Maria unverschämt grinsend an.

Gereizt kniff sie ihre Augenlider zusammen und rief ihm ein paar Schimpfwörter zu. Die Männer blieben stehen und lachten johlend. Ehe sie aber dazu kamen, Maria zu belästigen, stand sie auf und lief der alten Frau und dem Mädchen nach.

»Hat er dich wirklich geheilt?« rief sie, als sie die beiden einholte. Die Alte blieb stehen und sah Maria in die Augen. »Jawohl«, sagte sie, »und ich habe mich schon seit Jahren nicht mehr so frei und leicht gefühlt wie grade jetzt.«

Auf Marias Gesicht erschien ein Schimmer der Hoffnung. Dieser Jesus, der Kranke heilte, wenn sie ihn nur anrührten, würde wohl auch ihr helfen können.

»Wenn deine Einladung noch gilt, möchte ich doch bei dir übernachten«, sagte sie zu der alten Frau.

Einige Tage später hatten sich abermals Hunderte von Menschen um Jesus geschart. Diesmal waren auch viele Pharisäer, Sadduzäer und Zeloten dabei.

Philippus und Andreas standen etwas abseits und schauten sich die Leute an.

»Siehst du die beiden da?« fragte Philippus und zeigte auf zwei recht abenteuerlich aussehende Männer. »Das sind gewiß Zeloten.«

»Ja«, meinte Andreas, »immer mehr Leute interessieren sich für ihn. Sogar der Hohe Rat schickt Beobachter aus Jerusalem hierher!«

»Woran erinnert dich das?« fragte Philippus.

»Es erinnert mich an Johannes den Täufer!« Andreas blickte suchend über die Menschen. »Daran, wie die verschiedensten Leute ihn kurz vor seiner Verhaftung für ihre Ziele einzuspannen versuchten. Einige von denen bemerke ich auch hier!«

Es dauerte längere Zeit, bis sich die vielen Menschen niedergelassen hatten und Jesus mit seiner Predigt beginnen konnte.

Am späten Nachmittag, während einer Pause, sagte Johannes zu ihm: »Schick die Leute jetzt nach Hause oder laß sie etwas in den umliegenden Gehöften und Dörfern einkaufen, denn wir haben nicht genügend zu essen für sie.«

»Wieviel Brote haben wir noch?« fragte Jesus. Johannes lief zu den andern Jüngern, um nachzuschauen. Als er zurückkam, sagte er: »Es sind noch genau fünf Brote und zwei Fische da – das reicht nicht mal für uns.«

Jesus aber lächelte und sagte: »Bitte, hole alles her.« Dann rief er den Leuten zu, sie sollten sich ins Gras lagern. Und die Menschen setzten sich zu Gruppen von fünfzig oder hundert. Dann nahm er die fünf Brote und zwei Fische, sprach das Dankgebet darüber und bat die Jünger, alles zu verteilen. Die Männer sahen sich zuerst entgeistert an, aber dann taten sie, wie Jesus ihnen gesagt hatte. Sie legten Brot und Fisch in Körbe und gingen durch die Reihen und gaben allen davon. Und egal, wieviel jeder nahm, die Körbe wurden nicht leer. Allmählich wurden alle gewahr, was mit ihnen geschah. Auf das erste ungläubige Staunen folgte eine allgemeine Erregung, die schließlich in Jubel und Freude umschlug. Immer noch gingen die Jünger durch die Reihen und teilten Brot und Fisch aus, und als schließlich jeder reichlich genommen hatte, begannen sie, die Reste einzusammeln. Damit füllten sie zwölf Körbe und brachten sie zu Jesus zurück. Die Menschen – es sollen

143

fünftausend gewesen sein – schrien, weinten, lachten und umarmten einander. Als der Lärm am größten war, sprang ein junger Mann auf einen Felsen und rief der Menge zu: »Erinnert euch an die Worte des Propheten Jeremiah: ›Siehe, es kommen Tage, spricht der Herr, da werde ich dem David einen gerechten Sproß erwecken; der wird als König herrschen und weise regieren und Recht und Gerechtigkeit üben im Lande. In seinen Tagen wird Juda geholfen werden, und Israel wird sicher wohnen.‹

Dieser König, den der Prophet uns verheißen hat«, fuhr der junge Mann fort, »ist Jesus von Nazareth. Wir alle haben seine Wunder gesehen. Gott hat ihn geschickt, um die Herrschaft Roms zu beenden und die Marionetten des Kaisers aus diesem Lande zu vertreiben!«

Die Menge applaudierte begeistert und feuerte den Redner mit immer neuen Zurufen an. Vor allem die Zeloten taten sich hervor, denn der junge Mann war einer der ihren und das Ganze eine geplante politische Provokation.

Judas Ischarioth, der sich von den Jüngern entfernt hatte, unterhielt sich mit zwei Männern: der eine war Amos, der Führer der Zeloten-Partei, und der andere hieß Simon, den die Bibel zur Unterscheidung von Simon Petrus, Simon dem Pharisäer und anderen Männern mit diesem häufigen Namen Simon »den Eiferer« – also den Zeloten nennt.

Angesteckt von der Begeisterung der Menge, sagte Amos zu Judas: »Dieser Jesus ist der Messias, den uns die Schrift versprochen hat. Führe mich zu ihm – der Kampf kann beginnen!«

Aber je mehr sich die Zeloten ereifert hatten, desto mißtrauischer war Judas geworden. Wieder einmal Zeuge ihres Fanatismus und ihres unüberlegten Verhaltens geworden, begann er sich vor ihnen zu fürchten. »Wir sollten nichts übereilen«, sagte er deshalb zu Amos. »Zunächst müssen wir die Situation genau überprüfen...«

Am folgenden Tage trafen sich die Anführer der Zeloten in Simons Haus. Die Stimmung war gespannt.

»Zweifellos«, sagte Daniel, einer der fanatischsten Mitglieder der Gruppe, »hat Gott uns in der Person Jesu den neuen Führer geschickt. Er kann und wird uns zum Sieg über die Unterdrücker führen!«

»Tod dem Tyrannen Herodes!« schrie ein anderer, der Joel hieß.

Hoseas, der sich durch besondere Ungeduld auszeichnete, fragte: »Worauf warten wir also noch? – Johannes prophezeite das Königreich Gottes – aber dieses Reich braucht einen sichtbaren Führer: einen Mose, einen Josua, einen Eroberer wie David. Wir wissen, daß Jesus dieser Führer sein kann. Der Zeitpunkt ist also gekommen, ihn zum König Israels auszurufen. Und – kein Zweifel! – das Volk wird ihm folgen.«

»Ja, marschieren wir nach Jerusalem!« rief Daniel. »Zum Passahfest wollen wir in der heiligen Stadt das himmlische Königreich errichten!«

»Wartet, wartet!« Judas' Stimme klang gereizt. Er hatte den hitzigen Reden mit wachsender Ungeduld zugehört, und seine Einstellung zu den Zeloten war in den letzten Minuten noch negativer geworden. »Wir brauchen jetzt klare Köpfe und dürfen uns nicht in lächerlichen Phantasien verlieren. – Ihr wollt Herodes töten und zum Passahfest nach Jerusalem ziehen? Das zeigt nur, daß ihr keinen Verstand habt. Eure Torheiten werden euch eines Tages an den Galgen bringen, ohne daß ihr etwas erreicht habt. Tod und Verderben würden über unser ganzes Volk hereinbrechen, wenn Jesus von Wirrköpfen wie

144

euch in ein politisches Abenteuer gezogen würde. Seine eigenen Taten und Worte sind unseren Plänen dienlicher als euer Säbelrasseln!«

»Aus dir spricht der Spießbürger, Judas! Es ist unsere heilige Pflicht, jetzt und hier das Königreich des Herrn zu proklamieren«, beharrte Daniel.

»Jesu Taten allein werden dieses Reich proklamieren!« antwortete Judas.

»Aber wir müssen ihn in seiner Mission lenken und bestärken!« Hoseas fuchtelte erregt mit den Armen in der Luft herum. »Wir müssen all die vielen, die zu seinen Predigten kommen, Arme und Reiche, Junge und Alte, zu einer großen, schlagkräftigen Partei vereinigen. Heute die Partei – morgen die Nation!«

»Bring uns zu ihm, Judas«, bat Joel. »Wir wollen dies alles mit ihm besprechen.«

»Nein!« Judas blickte entschlossen von einem zum anderen. »Ich werde ihn nicht mit so unausgegorenem Unsinn belästigen.«

»Ich rate dir, deine Worte sorgfältiger zu wählen!« Daniels Stimme klang unheilvoll und drohend.

An diesem Punkt der Diskussion schaltete sich Amos, der Parteiführer, ein, der sich bisher zurückgehalten hatte. Diplomatisch versuchte er den Gegensatz zwischen Judas und den anderen auszugleichen. Er war sich klar darüber, daß sie Judas noch gebrauchen würden, denn er war schließlich ihre einzige Kontaktperson zu Jesus.

»Judas wird uns nicht davon abhalten können, zu tun, was wir tun wollen, meine Brüder«, begann er. »Dennoch gefallen mir viele seiner Ideen. Herodes muß sterben – das ist sicher! Allein schon, um den Tod des Täufers zu rächen. Aber ich stimme mit Judas darin überein, daß Jesus vorerst aus diesem Kampf herausgehalten werden muß. – Warten wir bis zum Passahfest in Jerusalem. Bringe ihn dann zu uns, Judas. Wir haben unsere Leute in der Tempelwache, und es wird ein leichtes sein, die Sadduzäer und Priester zu zwingen, Jesus zum König der Juden auszurufen. – Weigern sie sich, so werden sie zusammen mit ihren römischen Herren verbluten; aber ich bin sicher, sie werden aufs Wort parieren, wenn sie erkennen, daß wir die Macht haben. – Seid ihr mit diesem Vorschlag einverstanden, Brüder?«

Wie immer, wenn Amos gesprochen hatte, schwiegen die Zeloten beeindruckt. Nur einer widersprach diesmal – der junge Simon. »Nein, Amos«, sagte er, »ich bin nicht einverstanden. Ich habe jedem von euch genau zugehört, aber niemand von euch scheint begriffen zu haben, was das Kommen Jesu bedeutet. Auch ich glaube, daß das Volk Israel sich erheben und seine Ketten sprengen wird. Aber ich bin zur Überzeugung gelangt, daß die Freiheit Jesu weit mehr bedeutet als nur ein Sieg über die Römer. Jesus ermöglicht die Wiedergeburt Israels in unseren Herzen. Gewalt erzeugt Gegengewalt. Wer tötet, wird getötet werden! Jesus aber verspricht das Leben!«

»Entweder bist du für uns, oder du bist gegen uns, Simon«, unterbrach ihn Amos brüsk. »Du mußt dich entscheiden!«

»Ich habe mich entschieden«, antwortete Simon. »Ich werde Jesus nachfolgen, wenn er mich will!«

Am Abend desselben Tages ging Jesus zum Abendessen ins Haus des Pharisäers Simon. Josef von Arimathäa hatte die einflußreichsten Bürger Kapernaums eingeladen, um sie mit Jesus bekanntzumachen. Die meisten waren Zeugen seines letzten Wunders gewesen oder hatten doch mindestens davon gehört – und nun herrschte bei Tisch ein gewisses Gefühl der

Beklommenheit. Niemand wußte so recht, etwas zu sagen, bis Jesus seinen Becher absetzte und lächelnd bemerkte: »Johannes der Täufer aß kein Brot und trank keinen Wein, und viele von euch haben deshalb gesagt, er sei besessen. – Ich esse und trinke mit euch, und von mir sagt man, ich sei ein Weinsäufer und ein Freund von Ungerechten und Sündern!«

»Rabbi, du tust uns unrecht«, antwortete Simon. »Wir anerkennen deine Verdienste und glauben, die Bedeutung dessen zu verstehen, was du tust. Aber wir möchten wissen, was in Zukunft geschehen soll. Sollen wir das Gesetz ändern? Wir haben zum Beispiel gehört, daß du am Sabbat Kranke heilst, auch wenn du bis zum nächsten Tag warten könntest. Heißt das, daß du nicht willst, daß wir den Sabbat halten?«

Jesus schwieg einen Moment lang und sagte dann: »Wenn einer von euch ein Schaf hätte und es am Sabbat in eine Grube fiele, würde er es nicht herausholen? – Gott hat den Sabbat für die Menschen gemacht, und nicht die Menschen für den Sabbat.

»Gut«, sagte Simon, »einverstanden! Aber einfache Leute brauchen einfache Regeln. Ist es nicht gefährlich, sie zu verwirren?«

»Was soll aus uns werden ohne das Gesetz?« fragte einer der Gäste, und Josef von Arimathäa setzte hinzu: »Es hat das Volk Israel mehr als tausend Jahre lang zusammengehalten.«

Ja, aber glaubt ihr wirklich, daß es genügt, das Gesetz einzuhalten?« Jesus blickte von einem zum andern. »Was ist der Sinn des Gesetzes?«

Josef von Arimathäa antwortete: »Du sollst Gott den Herrn mit deiner ganzen Seele lieben, mit deinem Herzen und mit deiner ganzen Kraft. – Das ist das höchste aller Gesetze und zugleich ihre Summe!«

Die Tafelrunde nickte ernsthaft und drückte ihre Zustimmung aus.

Jesus antwortete: »Richtig. Du näherst dich dem Reich Gottes, Josef von Arimathäa. Aber es ist da ein weiteres Gesetz, das nicht weniger wichtig ist: Liebe deinen Nächsten wie dich selbst!«

»Bloß – wer ist mein Nächster?« fragte Simon.

Im Verlauf des Gesprächs beantwortete Jesus seine Frage mit einem Gleichnis:

»Ein Mann ging von Jerusalem nach Jericho und fiel Räubern in die Hände; die zogen ihn aus und schlugen ihn und ließen ihn halbtot liegen. Zufällig aber ging ein Priester die Straße hinab; und er sah ihn und ging vorüber. Ebenso sah ihn auch ein Tempeldiener und ging vorüber. Ein Samariter aber, als er ihn sah, hatte Erbarmen mit ihm, verband seine Wunden, indem er Öl und Wein darauf goß, hob ihn auf seinen Esel, brachte ihn in seine Herberge und pflegte ihn. Und am folgenden Tag nahm er zwei Geldstücke, gab sie dem Wirt und sagte: Pflege ihn! Und wenn du größere Unkosten hast, will ich sie dir bezahlen, wenn ich wiederkomme. – Welcher von den dreien war der Nächste des Mannes, der unter die Räuber fiel?«

Diese Geschichte löste bei den Gästen Simons Betroffenheit aus, und es herrschte einige Augenblicke lang Stille. Von draußen war eine lebhafte Auseinandersetzung zu vernehmen. Scheinbar versuchte jemand, ins Haus einzudringen, und die Dienstboten wollten ihn zurückhalten. Man hörte eine Frauenstimme, die rief: »Laßt mich los! Ich will zu ihm!«

Im selben Moment flog die Tür auf und Maria aus Magdala stürzte herein, ein kostbares Salbengefäß in der Hand. Ohne sich um die anderen Gäste zu kümmern, fiel sie Jesus zu

146

Füßen, weinte, küßte die Füße immer wieder, trocknete sie mit ihren Haaren und begann schließlich, sie mit der kostbaren Salbe einzureiben.

Simons Gäste waren von dieser Szene äußerst peinlich berührt, und der Gastgeber sagte mit eisiger Stimme zu Maria: »Das ist kein Ort für dich, Weib! Verlasse augenblicklich dieses Haus!«

Aber Jesus antwortete ihm: »Simon, als ich zu dir kam, hast du mir kein Wasser gegeben, um den Staub von meinen Füßen zu waschen; sie aber hat meine Füße mit ihren Tränen genetzt und mit ihren Haaren getrocknet. Du hast mir keinen Kuß zur Begrüßung gegeben; sie aber hat nicht aufgehört, meine Füße zu küssen. Du hast mein Haupt nicht mit Öl gesalbt, sie aber hat meine Füße mit kostbarer Salbe eingerieben. Darum sage ich dir: Ihr sind viele Sünden vergeben, denn sie hat viel geliebt; dem aber, der wenig liebt, wird wenig vergeben werden.«

Nach diesen Worten hob Jesus Maria auf und sagte zu ihr: »Deine Sünden sind dir vergeben, denn dein Vertrauen hat dich errettet. Gehe hin in Frieden!«

Nachdem sie nun so lange miteinander gelebt hatten, schickte Jesus die zwölf Jünger ins Land hinaus, um seine Botschaft zu verkünden. Sie gingen immer zu zweit, und zwar: Simon Petrus und sein Bruder Andreas; Jakobus, der Sohn des Zebedäus, und sein Bruder Johannes; Philippus und Bartholomäus; Thomas und Matthäus; Jakobus, der Sohn des Alphäus, und Thaddäus; Simon, der Zelot, und Judas Ischarioth.

Auf diesen Wanderungen durch das Land besuchte Johannes Maria, die Mutter Jesu. Er kniete vor ihr nieder und sah sie lange an. »Du bist seine Mutter!« sagte er. »Gesegnet bist du unter den Frauen. Sie aber legte liebevoll ihre Hand auf sein Haupt und sprach:»Wer auch immer den Willen unseres Vaters im Himmel befolgt, ist sein Bruder, seine Schwester, seine Mutter«.

Während die Jünger durch das Land zogen, wurde ausgerechnet in der Stadt, in der sich Judas und Simon aufhielten, ein Mordanschlag auf Herodes Antipas verübt. Der Tetrarch war durch die Straßen getragen worden und hatte sich winkend aus seiner Sänfte gebeugt, als der Zelot Joel mit einem Messer auf ihn zustürzte. Seine Augen glühten vor Haß, als er schrie: »Tod dem Tyrannen!« Dann stach er blindlings auf Herodes ein. Zwar konnten die Leibwachen ihn von der Sänfte zurückreißen und niederschlagen, aber Herodes wurde trotzdem durch mehrere Messerstiche in den Arm verletzt.

Joels Kameraden, die als »harmlose Passanten« in der Nähe standen, riefen: »Tötet den Tyrannen! Tötet den Mörder des Täufers!«, um die Soldaten von Joel abzulenken. Dadurch machten sie aber auf sich aufmerksam, und es gelang von einer Minute auf die andere, die ganze Führungsgruppe der Zeloten-Partei – darunter Amos und Daniel – festzunehmen.

Als Herodes später verbunden wurde, sagte er – noch immer außer sich vor Wut: »Man hätte mich töten können! – Ich bin sicher, daß die beiden Jünger dieses Jesus von Nazareth, die in der Stadt sind, den Aufruhr mit ihren Predigten angezettelt haben!«

Respektvoll wandte der Kommandant der Leibwache ein: »Ich glaube, da irren Euer Exzellenz. Dieser Jesus hat mit den Zeloten nichts zu tun.«

»Wieso weißt du das?« fragte Herodes.

»Ich habe den einen dieser beiden Jünger getroffen«, antwortete der Offizier, »ein gescheiter und aufrechter Mann. Ich habe mich lange mit ihm unterhalten. – Es sind wirklich friedliche Leute!«

»Und dennoch benutzen die Zeloten diesen Jesus!«

»Wie sie auch schon Johannes den Täufer benutzt haben«, entgegnete der Offizier. »Und – mit Verlaub – der Täufer ist seit seinem Tode hundertmal gefährlicher, als er es zu seinen Lebzeiten je war.«

Herodes, der das natürlich besser wußte als jeder andere, überlegte ungeduldig: »Wenn dieser Jesus tatsächlich ein Prophet ist, will ich ihn kennenlernen. Hier in diesem Zimmer soll er ein Wunder vollbringen. Aus der Sache mit dem Täufer habe ich meine Lehre gezogen. Wenn du recht hast und er ein friedlicher Mann ist, werde ich ihn für mich gewinnen. – Aber mit diesen anderen Burschen, diesen Zeloten, wird aufgeräumt! Verstanden?«

Noch am selben Nachmittag wurden die Gefangenen an Stricken aus ihren Zellen gezerrt. Die Hinrichtungsart, die Herodes persönlich bestimmt hatte, war besonders grausam. Man band ihnen die Hände über den Kopf und fesselte sie dann an Pfähle. Nun durften die Soldaten der Leibwache sie als lebende Zielscheiben benutzen. Stundenlang warfen sie Speere auf ihre Opfer, und keiner der Männer wurde so getroffen, daß er auf der Stelle tot gewesen wäre. Das widerliche Schauspiel dauerte Stunden und Stunden, und die gellenden Schmerzensschreie aus dem Kasernenhof waren in der ganzen Stadt zu hören.

Am nächsten Morgen gingen Simon und Judas fort. »Sie alle waren meine Brüder«, sagte Simon traurig. »Ich habe mein ganzes Leben mit ihnen verbracht.«

Judas legte ihm beruhigend eine Hand auf die Schulter.

»Ich weiß zwar, daß sie Fanatiker und Wirrköpfe waren. Aber ihr Ziel, die Befreiung Israels, war gut!« fuhr Simon fort. »Ihr Fehler war nur, daß sie glaubten, Gottes Hand lenken zu können.«

»Gib die Hoffnung nicht auf!« sagte Judas. »Jesus wird nach Jerusalem gehen und mit dem Hohen Rat verhandeln. Du wirst sehen, sein Königreich wird auch ohne Blutvergießen errichtet werden!«

Während eines einfachen Mahls fragte Jesus die Jünger, was sie auf ihren Wanderungen durchs Land gesehen und gehört hatten.

»Für wen halten die Menschen mich?« wollte er wissen.

Bartholomäus antwortete: »Manche sagen, du seist Johannes der Täufer, denn sie wollen nicht glauben, daß er gestorben ist.«

»Die anderen, die wissen, daß er tot ist, meinen, er sei von den Toten auferstanden«, berichtete Andreas. »Oder sie halten dich für den Propheten Elias, der erscheinen soll, bevor der Messias kommt.«

»Und ihr«, fragte Jesus, »für wen haltet ihr mich?«

Judas, der eine Antwort bereit gehabt hätte, überließ es Simon Petrus, zu sprechen. Und während die anderen Jünger etwas ratlos dreinblickten, sagte Petrus klar: »Du bist der Christus, der Sohn des lebendigen Gottes!«

Der Augen- und Ohrenzeuge Matthäus hat uns die Antwort Jesu überliefert:

Jesus aber antwortete und sprach zu ihm: »Selig bist du, Simon, Sohn des Jona; denn

Fleisch und Blut hat dir das nicht geoffenbart, sondern mein Vater in den Himmeln. Aber auch ich sage dir: Du bist Petrus, auf diesen Felsen will ich meine Kirche bauen, und die Pforten der Hölle werden nicht fester sein als sie. Ich will dir die Schlüssel des Himmelreiches geben; und was du auf Erden binden wirst, das wird im Himmel gebunden sein, und was du auf Erden lösen wirst, das wird im Himmel gelöst sein.«

Danach gab Jesus den Jüngern strengen Befehl, sie sollten niemandem sagen, daß er Christus sei. Dann sprach er darüber, daß nun die Zeit für ihn gekommen sei, nach Jerusalem zu gehen. Simon, der ehemalige Zelot, schaute ihn zweifelnd an; aber Judas, der neben Jesus saß, war voller Freude, daß es nun endlich in die heilige Stadt gehen sollte.

»Ja, Herr«, sagte er, »du mußt nach Jerusalem. Die Stadt erwartet dich und ist bereit für deinen Empfang!«

Jesus schaute Judas traurig an und sagte: »Dort wird der Sohn des Menschen von den Ältesten, Priestern und Schriftgelehrten vieles leiden und schließlich getötet werden. Am dritten Tage aber wird er auferstehen von den Toten.«

Auf einer der vielen blühenden Hochwiesen über dem See Genezareth hielt Jesus einige Tage später seine berühmteste Ansprache, die allgemein als Bergpredigt bezeichnet wird. Er sagte:

»Selig sind die geistlich Armen,
denn ihrer ist das Himmelreich.
Selig sind die Trauernden,
denn sie werden getröstet werden.
Selig sind die Sanftmütigen,
denn sie werden das Land besitzen.
Selig sind, die hungern und dürsten nach der Gerechtigkeit,
denn sie werden gesättigt werden.
Selig sind die Barmherzigen,
denn sie werden Barmherzigkeit erlangen.
Selig sind, die reinen Herzens sind,
denn sie werden Gott schauen.
Selig sind die Friedfertigen,
denn sie werden Söhne Gottes heißen.
Selig sind die, die um der Gerechtigkeit willen verfolgt werden,
denn ihrer ist das Himmelreich.
Selig seid ihr, wenn sie euch schmähen und verfolgen
und alles Arge wider euch reden um meinetwillen
und damit lügen.
Freuet euch und seid fröhlich,
weil euer Lohn im Himmel groß ist.
Denn ebenso haben sie die Propheten verfolgt,
die vor euch gewesen sind.
So soll euer Licht vor den Menschen leuchten,
damit sie eure guten Werke sehen
und euren Vater im Himmel preisen.

Euch aber, die ihr jetzt zuhört, sage ich:
Liebet eure Feinde;
tut Gutes denen, die euch hassen;
segnet die, welche euch fluchen;
bittet für die, welche euch beleidigen!
Dem, der dich auf die Wange schlägt, biete auch die andere dar,
und dem, der dir den Mantel nimmt, verweigere auch den Rock nicht!
Jedem, der dich bittet, gib,
und von dem, der dir das Deine nimmt, fordere es nicht zurück!
Und wie ihr wollt, daß euch die Leute tun,
so sollt ihr auch ihnen tun.
Und wenn ihr liebt,
die euch lieben,
was für einen Dank habt ihr?
Denn auch die Sünder lieben die,
die sie lieben.
Und wenn ihr denen Gutes tut,
die euch Gutes tun,
was für einen Dank habt ihr?
Auch die Sünder tun dasselbe.
Und wenn ihr denen leiht,
von denen ihr zurückzuerhalten hofft,
was für einen Dank habt ihr?
Auch die Sünder leihen den Sündern,
damit sie das gleiche zurückerhalten.
Vielmehr liebt eure Feinde,
tut Gutes und leihet,
ohne etwas zurückzuerwarten.
Dann wird euer Lohn groß sein,
und ihr werdet Söhne des Höchsten sein;
denn er ist gütig gegen die Undankbaren und Bösen.
Seid barmherzig, wie euer Vater barmherzig ist!
Und richtet nicht,
so werdet ihr nicht gerichtet werden,
und verurteilet nicht,
so werdet ihr nicht verurteilt werden;
sprechet frei,
so werdet ihr freigesprochen werden.
Gebet, so wird euch gegeben werden!
Ein gutes, vollgedrücktes,
gerütteltes, überfließendes Maß
wird man in euren Schoß geben.
Denn mit welchem Maß ihr meßt,
mit dem wird euch wieder gemessen werden.

Zur Verdeutlichung dieser Worte erzählte Jesus ein Gleichnis:

Kann etwa ein Blinder einen Blinden führen?
Werden nicht beide in eine Grube fallen?
Ein Lehrling ist nicht über dem Meister;
jeder aber, wenn er ganz vollendet ist,
wird wie sein Meister sein.
Was siehst du aber den Splitter in deines Bruders Auge,
den Balken in deinem eigenen Auge wirst du jedoch nicht gewahr.
Wie kannst du zu deinem Bruder sagen:
»Bruder, halt, ich will den Splitter, der in deinem Auge ist,
herausziehen«,
wenn du selber den Balken in deinem Auge nicht siehst?
Du Heuchler,
ziehe zuerst den Balken aus deinem Auge,
und dann magst du zusehen,
daß du den Splitter herausziehst,
der in deines Bruders Auge ist.

Denn es gibt keinen guten Baum,
der faule Frucht bringt,
und wiederum keinen faulen Baum,
der gute Frucht bringt.
Denn jeder Baum wird an seiner Frucht erkannt;
von Dornen sammelt man ja keine Feigen,
und von einem Dornbusch schneidet man keine Trauben.
Der gute Mensch bringt aus dem guten Schatze seines Herzens
das Gute hervor,
und der böse bringt aus dem bösen Schatze seines Herzens
das Böse hervor.
Denn wovon sein Herz voll ist,
davon redet sein Mund.
Was nennt ihr mich aber: Herr, Herr!
und tut nicht, was ich sage?

Jeder, der zu mir kommt und meine Worte hört und sie tut – ich will euch zeigen, wem er gleich ist.
Er ist gleich einem Menschen, der beim Bau seines Hauses tief grub und die Grundmauer auf dem Felsen errichtete. Als aber eine Flut kam, stieß der Wasserstrom an jenes Haus, und er vermochte es nicht zu erschüttern, weil es gut gebaut war. Wer aber hört und nicht tut, ist gleich einem Menschen, der ein Haus ohne Grundmauer auf das Erdreich baute; und der Wasserstrom stieß daran, und alsbald stürzte es zusammen, und der Einsturz jenes Hauses war groß.

Darum:
Bittet, so wird euch gegeben werden;
suchet, so werdet ihr finden;
klopfet an, so wird euch aufgetan werden.
Denn jeder, der bittet, empfängt;
und wer sucht, der findet;
und wer anklopft, dem wird aufgetan werden!
Oder welcher Mensch ist unter euch,
der seinem Sohn, wenn er ihn um ein Brot bittet, einen Stein gäbe,
oder auch, wenn er um einen Fisch bittet, ihm eine Schlange gäbe?
Wenn nun ihr, die ihr doch böse seid,
euren Kindern gute Gaben zu geben wißt,
wieviel mehr wird euer Vater im Himmel denen Gutes geben,
die ihn bitten!

Und so sollt ihr beten:
Unser Vater,
der du bist im Himmel,
dein Name werde geheiligt.
Dein Reich komme.
Dein Wille geschehe
wie im Himmel, also auch auf Erden.
Gib uns heute unser tägliches Brot.
Und vergib uns unsere Schulden,
wie auch wir vergeben haben
unsern Schuldnern.
Und führe uns nicht in Versuchung,
sondern erlöse uns von dem Bösen.

Denn wenn ihr den Menschen vergebt,
wird euer himmlischer Vater euch auch vergeben.

In der Nacht nach dieser Predigt saß Jesus noch lange beim Feuer und schaute in die Flammen. Die Jünger schliefen – außer Simon Petrus. »Herr«, flüsterte Petrus, »du hast neulich gesagt, daß sie dich in Jerusalem töten wollen.«

»Ja«, antwortete Jesus.

»Wenn das wahr ist, werden wir dir nicht erlauben, dort hinzugehen. Wir werden dich zurückhalten!«

»Petrus!« Jesus sah ihn dunkel an. »Du denkst, wie Menschen denken, nicht wie Gott denkt. Aus dir spricht der Teufel!« Dann erhob er sich und sagte: »Weiche von mir, Satan!«

Einige Tage später machten sich Jesus und die Jünger auf den Weg nach Jerusalem. Wie immer vor dem Passahfest waren die Straßen überfüllt, weil Pilger aus dem ganzen Land in die heilige Stadt zogen.

Sie kamen nur langsam voran, denn Jesus wurde immer wieder erkannt und aufgehalten.

Viele wollten nur mit ihm sprechen, manche baten ihn aber auch um Hilfe, und er heilte zahllose Kranke. Die Jünger waren bedrückt und mutlos, denn sie fürchteten sich vor dem, was sie in Jerusalem erwartete.

In der Umgebung von Jericho kam ihnen ein reitender Bote entgegen, der sie suchte.

»Rabbi«, sagte er atemlos, als er vom Pferd stieg, »deine Freunde in Bethanien, die Schwestern Martha und Maria, schicken mich, denn ihr Bruder Lazarus liegt im Sterben. Sie bitten dich, zu ihnen zu kommen und ihm zu helfen.«

»Ich werde kommen«, antwortete Jesus. »Kehre zu ihnen zurück und sage ihnen, daß sie sich nicht sorgen sollen!«

Als der Bote wieder aufsaß, meinte Petrus: »Dann müssen wir uns beeilen und können nicht mehr an den Jordan hinunter, wie wir wollten!«

Aber Jesus sagte: »Nein, wir haben noch Zeit. Laßt uns zu dem Ort gehen, wo Johannes getauft und gepredigt hat.«

Und sie gingen ins Jordantal hinunter, und viele Menschen folgten ihnen.

Zwei Tage lang predigte Jesus hier, aber am dritten Tage – die Jünger hatten den Boten von Jericho längst vergessen – sagte er plötzlich: »Lazarus ist gestorben, und ich freue mich, daß ich nicht dort gewesen bin, denn durch ihn werdet ihr zum Glauben kommen.«

Die Jünger schauten ihn entgeistert an, und als er hinzusetzte: »Aber laßt uns nun zu ihm gehen!«, da verstanden sie nicht, was er meinte.

Für den Weg nach Bethanien brauchten sie mehr als einen Tag, weil er mit vielen Umwegen aus dem Jordantal steil hinaufführt. Wenn man erst einmal in das Dorf gelangt ist, ist man fast auch schon in Jerusalem, das nur noch etwa zehn Kilometer entfernt liegt.

Als sie in der Nähe des Ortes waren, kam ihnen schon Martha entgegen, eine der beiden Schwestern, denn sie hatte gehört, daß Jesus käme.

»Herr«, sagte sie, »mein Bruder ist vor vier Tagen gestorben. Wenn du hier gewesen wärest, würde er noch leben!«

Jesus nahm ihre Hand und tröstete sie: »Sei nicht traurig, Martha, dein Bruder wird auferstehen.«

»Ja, ich weiß«, antwortete sie weinend, »bei der Auferstehung am Jüngsten Tag.«

Aber Jesus blickte sie an und sagte: »Ich bin die Auferstehung und das Leben. Wer an mich glaubt, der wird leben, auch wenn er gestorben ist, und jeder, der lebt und an mich glaubt, wird in Ewigkeit nicht sterben. Glaubst du das?«

»Ja, Herr, ich glaube, daß du der Messias, der Sohn Gottes bist, der in die Welt kommen soll!« antwortete Martha.

»Dann lauf und hole deine Schwester Maria!«

Martha ging in den Ort zurück und rief Maria, die zu Hause geblieben war, um alles für den Besuch vorzubereiten.

»Jesus ist da und läßt dich rufen«, sagte Martha.

Als Maria nun aufstand, um ihrer Schwester vor den Ort zu folgen, wurde sie von allen Nachbarn begleitet. Und als sie dorthin kamen, wo Jesus mit den Jüngern auf sie wartete, fiel Maria ihm zu Füßen und sagte dasselbe wie Martha: »Herr, wärest du hier gewesen, dann wäre unser Bruder Lazarus nicht gestorben.«

Als Jesus sah, wie sie weinte und wie auch all ihre Nachbarn und Freunde klagten und weinten, war er tief bewegt und fragte: »Wo habt ihr ihn begraben?«

Martha aber sagte: »Komm mit, Herr, und sieh!«

Und sie gingen zu dem Felsengrab, in dem Lazarus beigesetzt worden war, und Jesus setzte sich nieder und weinte.

Da sagten alle, die mitgekommen waren: »Seht, wie er ihn lieb hatte!« Einige aber meinten: »Er, der Lahme und Blinde geheilt hat, hätte verhindern können, daß Lazarus sterben mußte!«

Da erhob sich Jesus und sagte: »Nehmt den Stein weg!«, denn überall im judäischen Gebirge war es Sitte, die Felsengräber mit einem großen Stein zu verschließen.

Martha legte ihm aber die Hand auf den Arm und sagte: »Herr, der Leichnam riecht schon, denn er wurde vor vier Tagen beigesetzt.«

»Habe ich dir nicht gesagt«, antwortete Jesus, »wenn du glaubst, wirst du die Herrlichkeit Gottes schauen?«

Da schoben die Nachbarn den Stein vom Grab weg, und Jesus richtete seine Augen nach oben und betete: »Vater, ich danke dir, daß du mich erhört hast. Ich wußte, daß du mich allezeit erhörst; doch um des Volkes willen, das hier steht, habe ich es gesagt, damit sie glauben, daß du mich gesandt hast.«

Nach diesem Gebet blickte er auf die Grabesöffnung und rief: »Lazarus, komm heraus!«

Und wirklich, was niemand für möglich gehalten hatte, geschah: Der Verstorbene trat heraus, an Händen und Füßen mit weißen Tüchern eingebunden, und sein Gesicht war mit einem Schweißtuch umwickelt.

Da sagte Jesus zu den beiden Schwestern: »Nun bindet ihn los, macht ihn frei und laßt ihn gehen!«

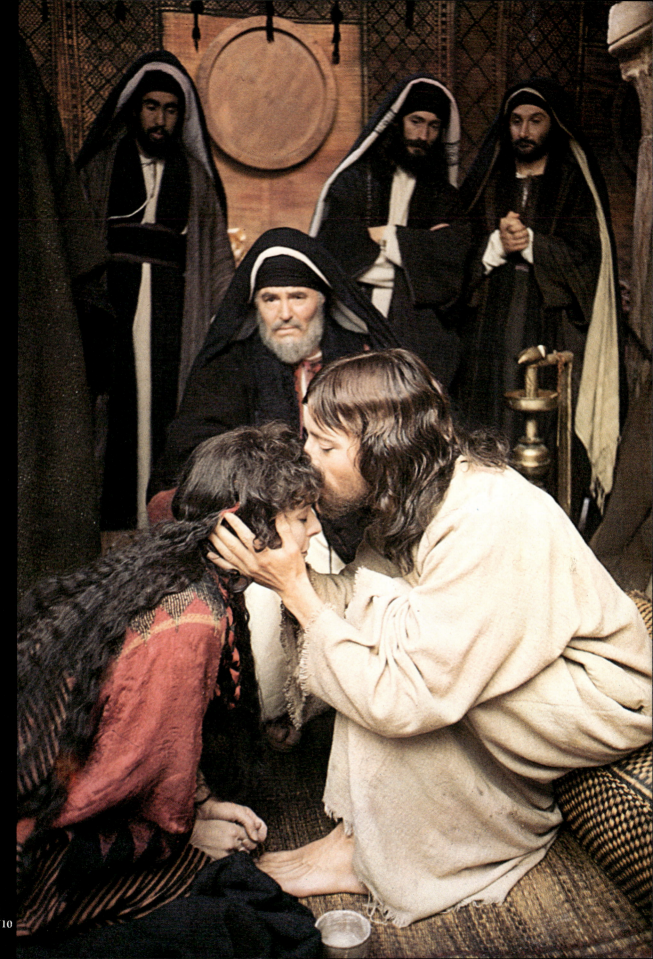

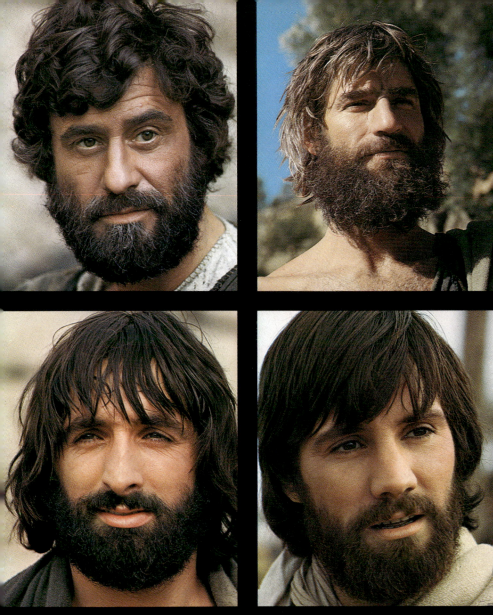

5
DER WEG ZUM KREUZ

PHOTOGRAPHIEN

1 *Judas suchte Zerah im Tempel auf*

2 *Gepriesen sei, der da kommt im Namen des Herrn!*

3 *Zerah blickte auf die Menge, die Jesus zujubelte*

4 *»Es steht geschrieben: ›Mein Haus soll ein Haus des Gebets sein!‹ Ihr aber habt eine Mördergrube daraus gemacht!«*

5 *Und sie brachten die Kinder zu Jesus*

6 *Er lehrte den Tag über im Tempel*

7 *Jesus und Barabbas*

8 *Er sprach zu dem Hauptmann: »Gehe hin! Dir geschehe, wie du geglaubt hast!« Und als der Hauptmann zu seinem Haus zurückging, begegneten ihm Boten, die riefen: »Dein Knecht ist gesund!«*

9 *»Wer von euch ohne Sünde ist, der werfe den ersten Stein!«*

10 *»Sohn Davids, hab Erbarmen mit mir!« rief der Blinde*

11 *Und seine Augen wurden geöffnet*

12 *Barabbas packte sich einen Wachsoldaten…*

13 *Einige Zeloten, unter ihnen Barabbas, wurden verhaftet*

14 *Die Mitglieder des Hohen Rates versammelten sich im Hause des Hohen Priesters Kaiphas. Unter ihnen waren auch Haggai, Nikodemus und Josef von Arimathäa*

15 *Jesus nahm das Brot, dankte und brach es*

16 *»Nicht einmal eine Stunde konntet ihr mit mir wachen!«*

17 *»Du hast uns sehr geholfen, Judas!«*

18 *Da verließen ihn alle Jünger und flohen*

19 *Und Judas ging und erhängte sich*

Während Jesus und die Jünger sich noch in Bethanien aufhielten, war Judas mehrmals nach Jerusalem gegangen und hatte sich bei Bekannten umgehört, welchem einflußreichen Tempelbeamten er seine politischen Pläne vortragen könnte.

Von verschiedenen Seiten war im Zerah empfohlen worden, ein junger sadduzäischer Priester, von dem es hieß, daß er ein ehrgeiziger Intellektueller und ein geschickter Diplomat des Hohen Rates sei. Judas hatte ihn mehrmals für kurze Augenblicke im Tempel getroffen, bevor er ihn schließlich um eine längere Unterredung bat.

Spät am Abend, damit Judas von niemandem gesehen werden konnte, empfing Zerah ihn in seinem privaten Büro im Hause des Hohen Rates.

»Ich fühle mich geschmeichelt, daß du deine Anliegen grade mit mir diskutieren willst«, eröffnete er die Unterhaltung. »Aber offen gesagt – ich verstehe nicht ganz warum.«

Judas lächelte höflich. »Es gibt viele Leute in der Stadt, die deinen Einfluß im Hohen Rat für beträchtlich halten«, antwortete er, »und da die Angelegenheit, die ich dem Hohen Priester vorzulegen gedenke, von äußerster Wichtigkeit für die Zukunft unseres Volkes ist, aber auch von unmittelbarer Dringlichkeit, glaube ich, daß der direkteste Weg zu seiner Eminenz über dich führt. Dein Geschick als Diplomat und dein Ruf als Schriftgelehrter sind bekannt, und man sagt mir, daß du immer dein Ziel erreichst.«

»Du hast dich scheint's gut orientiert.« Zerah lächelte verbindlich. »Und so wird es dich kaum überraschen, daß auch ich einiges über dich in Erfahrung gebracht habe. Am meisten interessiert uns natürlich alle – und mit ›alle‹ meine ich die Mitglieder des Hohen Rates – dein Rabbi aus Nazareth. Wir erhalten täglich Berichte über seine Predigten und Wunder, und besonders beeindruckend war ja vor einigen Tagen die Auferweckung dieses Toten in Bethanien. Wirklich, ganz außerordentlich – um es milde auszudrücken. Im Hohen Rat bewegt uns nun aber die Frage, ob wir wirklich ausschließen können, daß diese erstaunlichen Kräfte niedersten Quellen entspringen? Kurz gesagt – vom Teufel stammen! Wie läßt sich das einwandfrei feststellen? – Ich wünschte, ich könnte deinen Jesus selbst kennenlernen.«

»Und ich wünschte, daß du oder ein anderes Mitglied des Hohen Rates sich schon längst einmal die Mühe genommen hätten, ihn kennenzulernen, denn dann wüßtet ihr, daß seine Kräfte von Gott sind und daß er der einzige ist, der Israel Frieden bringen kann.«

Zerah machte ein zweifelndes Gesicht.

»Die Zeloten haben das längst erkannt«, fuhr Judas fort, »und – das wird dich vielleicht überraschen – auch einige Tempelwächter. Was die Römer betrifft, so sehen sie die Dinge mit praktischen Augen. Ihnen wäre jeder willkommen, der dem Land endlich Ruhe und Frieden bringt. Der Hohe Rat müßte sich nur dazu durchringen, dem Kaiser zu sagen: ›Dieser Jesus ist der von uns Juden erwartete Messias. Wir wollen, daß er uns regiert.‹«

Hier unterbrach ihn Zerah. »Du glaubst im Ernst, wir könnten Kaiser Tiberius sagen:

187

›Hör mal, wir haben da einen Zimmermannssohn aus Nazareth, der geht herum und tut Wunder – den wollen wir jetzt als König haben. Setze den Antipas und seine Brüder ab, ziehe deine Truppen zurück und laß uns gefälligst in Frieden.‹?«

Judas reagierte nicht auf die Ironie des Priesters, und Zerah kehrte zu einem sachlicheren Ton zurück. »Aber im Ernst gesprochen, Judas. Du bist ein aufrechter Patriot, auf den sich der Hohe Rat Israels verlassen kann – was meintest du mit den Tempelwächtern, von denen du vorhin gesprochen hast?«

»Nun«, sagte Judas, »soweit sind wir noch nicht. Ich kann nicht meine Karten auf den Tisch legen, ohne zu wissen, was ich dafür bekomme.«

»Also gut, was erwartest du?« Zerah war ein bißchen enttäuscht.

Mit Bestimmtheit antwortete Judas: »Sorge dafür, daß Jesus von Nazareth vor dem Hohen Rat sprechen kann.«

»Nun, ich glaube, da brauchst du dir gar keine Sorgen zu machen!« Der Priester erhob sich, um Judas zu zeigen, daß er die Unterredung für beendet hielt. »Dazu wird er schon sehr bald Gelegenheit haben.«

An diesem Tag ritt Jesus auf einem Esel durch das Damaskustor nach Jerusalem hinein. Da sich herumgesprochen hatte, daß er kommen würde, drängte sich eine erregte Menge in den engen Gassen der Stadt. Judas versuchte, für Jesus und die Jünger einen Weg durch die aufgeregt gestikulierenden Menschen zu bahnen. Dabei flogen ihm Wortfetzen zu wie: »Ein großer Prophet!« – »Größer als Johannes der Täufer!« – »Er kann die Toten zum Leben erwecken!« – »Ach, rede doch keinen Unsinn – niemand kann Tote lebendig machen außer Gott!« – »Der neue König der Juden, der uns von unseren Unterdrückern befreien und gerecht regieren wird!«

Palmenblätter und Blumen flogen auf die Straße, und wo immer Jesus vorbeizog, erklangen freudige Rufe:

»Hosianna! Gelobt sei, der da kommt im Namen des Herrn!«

Aber in der Menge waren auch einige, die zurückhaltend und kritisch reagierten.

»Eine merkwürdige Erscheinung. Ein ausgemergelter Mensch auf einem Esel, umgeben von zwölf zerlumpten Jüngern.«

»Den neuen König habe ich mir aber ganz anders vorgestellt«, lachte eine Frau.

»Wieso?« antwortete eine andere. »Sacharja hat ihn genauso vorausgesagt: Freue dich, Tochter Zion! Jauchze, Tochter Jerusalem! Siehe, dein König kommt zu dir; gerecht und siegreich ist er. Demütig ist er und reitet auf einem Esel…«

Die Rufe der Begeisterung wurden immer lauter, und viele warfen ihre Kleider auf die Straße, damit der neue König über sie dahinritt.

»Hosianna! Gelobt sei, der im Namen des Herrn zu uns kommt!« Die erregten Rufe drangen zu einer kleinen Gruppe von Sadduzäern, die in einer der benachbarten Gassen im Gespräch beieinanderstanden.

»Was ist los?« fragten sie einen vorbeihastenden Mann.

»Der Prophet Jesus von Nazareth ist hier!« rief er ihnen zu und eilte weiter.

»Das ist doch kein Grund zur Aufregung«, meinte einer lachend. Dennoch machten sie kehrt und folgten dem Mann in die Richtung, aus der der Lärm kam.

Von der Treppe des Tempels aus beobachtete Zerah die langsam heranziehende Prozession. Die Erscheinung Jesu überraschte ihn. Er hatte sich eine imponierendere Figur vorgestellt und war doch gleichzeitig von der Einfachheit des Galiläers beeindruckt.

Beeindruckt zeigte sich auch die Gruppe der Sadduzäer – allerdings mehr von der Begeisterung der Menge als von dem Anlaß dieser Begeisterung. Die Männer drängten sich nach vorne, bis sie an Judas herankamen, der dem Zug voranging. Auf allen Seiten winkten, lachten und riefen die Menschen. Immer wieder hörte man: »Gelobt sei der König, der im Namen des Herrn zu uns kommt! Ruhm dem Allmächtigen!«

Einer der Sadduzäer versuchte, zur Menge zu sprechen. Aber er mußte bei all dem Lärm die Sinnlosigkeit seines Unterfangens bald einsehen. So wendete er sich direkt an Jesus, als dieser näherkam.

»Das ist ja reiner Fanatismus!« rief er. »Dieses Geschrei ist gefährlich! Du verwirrst die Menschen!«

Jesus ritt langsam auf seinem Esel vorüber und schien den Ruf zu überhören. Jedenfalls wendete er sich nicht um, sondern sagte: »Wenn diese schweigen, werden die Steine weinen!«

Bleich vor Zorn rief der Sadduzäer seinen Freunden zu: »Habt ihr je solchen Hochmut gesehen? Wie kommt dieser hergelaufene Zimmermann dazu, so verächtlich mit einem Mitglied des Hohen Rates zu sprechen?«

Langsam bahnten sich Jesus und die, die ihm folgten, den Weg zum Tor des Tempels. Dort stieg Jesus vom Esel ab, und Bartholomäus und Thomas führten das Tier weg.

Jesus stieg einige Stufen der Tempeltreppe empor und machte der Menge durch ein Handzeichen klar, daß er zu ihr sprechen wollte.

Laut erklang seine Stimme über den Vorplatz:

»Die Stunde ist gekommen, daß der Sohn des Menschen verherrlicht wird. Wahrlich, ich sage euch, wenn das Weizenkorn nicht in die Erde fällt und erstirbt, bleibt es allein; wenn es aber erstirbt, trägt es viel Frucht. Wer sein Leben liebt, verliert es, und wer sein Leben in dieser Welt haßt, wird es im ewigen Leben bewahren.«

Die Menge begann wieder zu rufen: »Gesegnet sei der Sohn Davids, der König Israels!«

Zerah hatte unterdessen seinen Beobachtungsposten verlassen und erreichte den Hof der Priester grade, als die Menge die Tempeltreppe erreichte. Er sprach mit einigen diensthabenden Priestern, die von ihm eine Weisung erwarteten, wie sie sich verhalten sollten. Einige von ihnen drängten ihn, sofort einzuschreiten.

»Einschreiten?« fragte Zerah. »Nein, zunächst noch nicht. Dieser Mann besitzt zuviel Macht über das Volk.«

Eliphas, einer der Priester, meinte: »Er ist sicherlich fähig, die erstaunlichsten Beweise dieser Macht zu liefern. Erst vor einigen Tagen soll er einen seiner Freunde, der schon vier Tage tot war, wieder zum Leben erweckt haben.«

»Ein geschickter Propagandatrick«, lachte Jona, ein anderer Priester, »grade rechtzeitig zum Einzug in Jerusalem!«

Zerah nahm Eliphas zur Seite. »Sage dem Offizier der Tempelwache, er soll sich sofort beim Hohen Priester Kaiphas melden und Anweisungen erbitten.«

In diesem Augenblick erhob sich ein lautes Geschrei auf dem Tempelgelände, und die Priester liefen hin, um zu sehen, was geschehen war. Sie kamen noch rechtzeitig, um

Zeugen zu sein, wie Jesus im Vorfeld der Heiden die Tische und Stände der Geldwechsler umwarf und deren Inhaber mit einer Geißel aus Stricken verjagte.

»Es steht geschrieben«, rief er, »Mein Haus soll ein Haus des Gebets sein!‹ Ihr aber habt eine Mördergrube daraus gemacht!« Und nachdem er die Wechsler in die Ecken des Hofes getrieben hatte, wandte er sich den Tauben- und Schafhändlern zu, die ahnungslos auf Käufer für ihre Opfertiere gewartet hatten.

Einen so massiven Angriff auf die Tempelordnung hatte vor Jesus noch kein Jude gewagt. Obwohl viele Menschen an dem lebhaften Handeln und Feilschen innerhalb der Tempelmauern Anstoß nahmen, fanden sich doch alle damit ab. Ein Vorfall, wie der eben, war in der Geschichte des Tempels einzigartig, und die Reaktion darauf war Ratlosigkeit. Die Priester waren schockiert und die Händler wütend und haßerfüllt. Zerah unternahm einen Beschwichtigungsversuch. Er ging auf Jesus zu und sagte: »Rabbi, ich bin Zerah, ein Priester dieses heiligen Ortes. Meine Brüder und ich haben viel Gutes über dich gehört und uns darüber gefreut; aber was du eben hier getan hast, verletzt uns, denn wir finden es anstößig. Willst du etwa den Tempel zerstören?«

Jesus blickte Zerah durchdringend an und sagte: »Der Tempel ist nicht nur ein Haus aus Stein, er ist vor allem das Haus Gottes. Solange Gott darin wohnt, kann niemand ihn zerstören.« Dann legte er die rechte Hand an sein Herz und fuhr fort: »Zerstört diesen Tempel, und ich werde ihn in drei Tagen wieder aufbauen!«

Zerah schluckte und entgegnete dann: »Wie du weißt, wurde er in Jahrhunderten erbaut. Glaubst du wirklich, daß du ihn in drei Tagen wieder aufbauen könntest?«

»Du sagst es!« antwortete Jesus. »Aber du hast es nicht verstanden.«

»Rabbi!« Zerahs Stimme klang jetzt drohend. »Ich verstehe mehr, als du denkst. Der Hohe Priester Kaiphas wird an all dem – was heute hier geschehen ist – höchst interessiert sein!« Mit diesen Worten wandte er sich ab und ging.

Judas, der das Gespräch bestürzt mitangehört hatte, sagte zu Jesus: »Meister, dieser Priester ist eines der tolerantesten und zugänglichsten Mitglieder des Hohen Rates. Er wollte sich dir in Freundschaft nähern, um dich kennenzulernen und deine Botschaft zu begreifen. War es richtig, ihm so schroff zu begegnen?«

Einen Augenblick lang schaute Jesus Judas schweigend an, dann sagte er mit besorgter Stimme: »Judas, öffne dein Herz und nicht deinen Verstand!«

Danach begab er sich in die Säulenhalle des Tempels, um zu predigen. Unter den Zuhörern waren auch Pharisäer, Sadduzäer und einige Zeloten mit ihrem neuen Anführer Barabbas. Als Jesus beginnen wollte, drängten sich Eltern nach vorne, um ihre Kinder zu Jesus zu bringen, damit er sie segnete. Als er bemerkte, daß die Jünger die Kinder wegzudrängen versuchten, sagte er: »Hindert die Kinder nicht, zu mir zu kommen, denn sie haben Vertrauen, und darum gehört ihnen das Himmelreich.« Und er legte seine Hände auf ihre Köpfe und sprach mit ihnen.

»Er betrügt sogar die Kinder«, rief einer der Sadduzäer verächtlich, und Eliphas, der mit unterdrückter Wut zugesehen hatte, konnte sich nicht mehr beherrschen und fragte gehässig: »Wer gibt dir eigentlich das Recht, all diese Dinge zu tun?« Jesus wandte sich ihm zu und lächelte ihn an.

»Bevor ich dir antworte, will ich dir eine Frage stellen. Von wem erhielt Johannes der Täufer die Vollmacht zu taufen – von Gott oder von den Menschen?«

190

Der Sadduzäer neben Eliphas flüsterte: »Von den Menschen!« Aber bevor er die Worte laut wiederholen konnte, zischte Eliphas ihn an: »Du Narr, willst du, daß dich die Leute lynchen?« Denn er wußte genau, wie beliebt Johannes im Volk war.

In die betretene Stille hinein beantwortete Jesus seine Frage selbst.

»Johannes bekam also die Vollmacht von Gott. Und wenn das so war – warum glaubst du dann nicht an ihn? – Antworte mir!«

Nach kurzer Überlegung rief Eliphas wütend: »Ich weiß es eben nicht und kann es nicht sagen!«

»Dann sage auch ich dir nicht, in welcher Vollmacht ich handele.«

Erneut gab es Tumult, denn die Priester und Pharisäer empfanden diese Antwort als kränkend. Sie schimpften laut oder lachten höhnisch und verhinderten, daß Jesus weitersprach. Da ging er, begleitet von einigen Jüngern und Zuhörern, hinüber zum Wassertor. Auf diesen Moment hatte der Zelot Barabbas gewartet. Mit zweien seiner Leute folgte er der Gruppe und gab einigen Tempelwächtern, die scheint's Freunde der Zeloten waren, ein Zeichen, daß sie ihn und Jesus vor allzu neugierigen Priestern abschirmen sollten.

Die meisten Leute, die bei Jesus waren, gingen weg, als sie Barabbas sahen, denn seine abenteuerliche Erscheinung ließ befürchten, daß es in seiner Umgebung in kürzester Zeit Schwierigkeiten geben würde.

»Meister«, flüsterte Barabbas und zog Jesus zur Seite. »Ich bin Barabbas, der Zelot. Amos hat mir von dir erzählt, bevor er ermordet wurde. Sowohl die Tempelwächter als auch meine Brüder sind bereit, ab sofort mit all unseren Waffen deinen Befehlen zu gehorchen.«

Jesus setzte sich auf die Stufen beim Tor und lud Barabbas ein, sich neben ihn zu setzen. »Du hast gehört, daß gesagt ist: Du sollst deinen Nachbarn lieben und deinen Feind hassen. Aber ich sage dir, Barabbas: Liebe deine Feinde und bete für jene, die dich verfolgen. Der Tag der Vergebung ist gekommen.«

»Ich soll Herodes vergeben?« rief Barabbas überrascht, um dann wieder zu flüstern, »und etwa auch den Römern?«

»Ja, du mußt deinen Geist ändern!«

Der Zelot traute seinen Ohren nicht. »Die Römer«, sagte er, »haben Dutzende unserer Landsleute getötet, die nicht einmal an Widerstand oder Aufruhr gedacht hatten. – Du kannst ihnen doch nicht verzeihen, Meister! Dem Schwert müssen wir mit dem Schwert begegnen!«

»Und ich sage dir: Wer nach dem Schwert greift, wird durch das Schwert umkommen. Das neue Jerusalem wird nicht mit Waffengewalt, Revolution und Mord gegründet, sondern Gottes Weisheit wird es erfüllen, so, wie das Wasser das Meer. – Verliere nicht dein Gottvertrauen, Barabbas. Des Herrn Gerechtigkeit wird unter den Menschen wohnen, und der Löwe wird neben dem Lamm liegen!«

Jesus war ganz nahe an Barabbas herangerückt und sprach sehr eindringlich zu ihm, denn er wollte, daß der Führer der Zeloten ihn verstand.

»Wenn eure Gerechtigkeit nicht besser ist als die der Schriftgelehrten und Pharisäer, werdet ihr nicht ins Himmelreich kommen.«

Barabbas starrte Jesus an wie einen Verrückten. Er konnte einfach nicht begreifen, daß diese Worte ernstgemeint sein sollten.

In diesem Moment wurde ihr Gespräch unterbrochen. Matthäus trat heran und sagte zu

Jesus, daß im Vorhof der Heiden ein Mann warte, der ihn zu sehen wünsche. Jesus ging hinaus und traf auf einen römischen Hauptmann, der ihn respektvoll begrüßte.

»Herr«, sagte der Hauptmann, »mein Diener, den ich schätze wie einen eigenen Sohn, liegt zu Hause. Er ist gelähmt und hat große Schmerzen. Ich möchte dich bitten, . . .«

»In dein Haus zu kommen, um ihn zu heilen«, unterbrach ihn Jesus. »Nun – ich werde kommen!«

Der Hauptmann errötete und sagte: »Nein, das habe ich nicht gemeint, denn ich bin nicht würdig, daß du unter mein Dach kommst. – Sprich nur ein Wort, und ich weiß, daß mein Diener wieder gesund wird. Ich selbst bin ein Mann der Disziplin und befehle über hundert Soldaten. Wenn ich zu einem sage: ›Geh hin!‹, so geht er; und wenn ich sage: ›Komm her!‹, so kommt er; und sobald ich meinem Diener auftrage: ›Tu das!‹, so tut er's. Auch ohne es selbst zu sehen, weiß ich, daß meine Befehle ausgeführt werden. Darum genügt es mir, wenn du ein Wort sagst, denn ich weiß, es wird geschehen.«

Als Jesus das hörte, sagte er erstaunt zu denen, die um ihn herum standen: »Bisher habe ich in Israel einen solchen Glauben noch nicht gefunden! Ich sage euch aber: Viele werden von Osten und Westen kommen und mit Abraham, Isaak und Jakob im Himmel zusammensitzen; aber die eigentlichen Söhne des Reiches werden in die Finsternis hinausgestoßen!«

Dann legte er dem Hauptmann freundlich die Hand auf die Schulter und sagte: »Geh nach Hause! Dein Glaube hat deinen Diener gesund gemacht!«

Der Hauptmann war verwirrt – nicht nur über die Freundlichkeit Jesu, sondern auch darüber, daß ein frommer Jude ihn, den Heiden, berührt hatte.

Unbegreiflich erschien das auch Barabbas und den Zeloten, die Jesus in den Vorhof der Heiden gefolgt waren. Wenn der Messias der Todfeind der Römer war, wie sie unerschütterlich glaubten, dann konnte Jesus nicht der Messias sein!

In diesem Augenblick drängte sich eine erregte Menge in den Hof. Die Sadduzäer Esra, Jona und Samuel hielten eine verängstigte Frau gepackt.

Überall waren grelle Schreie zu hören: »Ehebrecherin! – Hure! – Bringt sie um!«

Jesus, der sich grade freundlich lächelnd vom römischen Hauptmann verabschiedet hatte, wendete sich den schreienden Menschen zu. Mit geheuchelter Ehrerbietung richtete Esra das Wort an ihn.

»Rabbi«, sagte er, »was sollen wir tun? Diese Frau wurde auf frischer Tat beim Ehebruch ertappt. Sie muß nach dem Gesetz verurteilt werden. – Was ist deine Meinung?«

Esra hatte – nach den Buchstaben des Gesetzes – recht, denn im 5. Buch Mose heißt es, daß Ehebrecher vor die Stadttore geführt und dort gesteinigt werden sollen. Für einen Gesetzestreuen gab es also nur eine Antwort auf Esras Frage.

»Sage uns deine Meinung, Rabbi!« drängten nun auch Jona und Samuel heuchlerisch. Und alle, die herumstanden und auf einen neuen Skandal warteten, riefen: »Ja, sage uns, was du denkst!«

Jesus nahm sich Zeit zum Überlegen, denn er wußte sehr wohl, daß ihm hier eine Falle gestellt werden sollte. Er hockte sich auf den Boden, beugte sich nach vorne und schien, mit dem Finger etwas in den Staub zu schreiben. Dann hob er die Augen, blickte von einem zum andern und sagte: »Wer unter euch ohne Sünde ist, der werfe den ersten Stein auf sie!«

Der Haß auf den Gesichtern wandelte sich in Bestürzung. Hoffnungsvoll blickte die junge Frau zu Jesus hinunter. Ihre Häscher, betroffen von der Antwort, die sie grade gehört hatten, ließen von ihr ab. Jesus schrieb weiter im Staub. Einen Augenblick war alles atemlos still. Dann schaute er auf, sah die Ehebrecherin an und fragte: »Wo sind deine Ankläger? – Hat einer von ihnen dich verurteilt?«

»Nein, Herr«, sagte sie, »keiner!«

»Dann werde auch ich dich nicht verurteilen.« Er sprach sehr ernst, aber mit gütiger Stimme. »Gehe jetzt nach Hause und sündige nicht mehr!«

Zu dieser Stunde traf vor einem der Tore Jerusalems die Pilgergruppe aus Nazareth ein. Unter den Menschen, die zum diesjährigen Passahfest in die Stadt kamen, waren auch Rabbi Jehuda, der mittlerweile ein sehr alter Mann geworden war, und Maria, die Mutter Jesu.

»Unsere Füße stehen in deinen Toren, Jerusalem«, zitierte der Rabbi den alten Pilgerpsalm, und zu Maria gewandt sagte er dann: »Dein Sohn wird im Tempel predigen, soll ich dich zu ihm bringen?«

Aber Maria antwortete: »Nein, ich werde warten. Ich will ihn erst sehen, wenn die Zeit gekommen ist!«

Am nächsten Tag versammelte sich wieder eine große Menge, um Jesus predigen zu hören. Ein Blinder hatte sich wartend an eine der Säulen im Vorhof des Tempels gelehnt, und als er viele Stimmen herannahen hörte, rief er laut: »Jesus, du Sohn Davids, hab Erbarmen mit mir!«

Als Jesus den Blinden sah, ging er auf ihn zu und berührte seine Augen. Dann spie er auf den Boden und machte aus Staub und Speichel einen Brei und benetzte damit die geschlossenen Lider des Mannes. Da der Blinde Jesus nicht erkannte, rief er: »Laß meine Augen in Ruhe, ich will nicht, daß man sie berührt!«

Einige der Umstehenden stimmten zu. »Ja, laß ihn in Frieden!« sagten sie zu Jesus. »Warum schmierst du ihm dieses Zeug ins Gesicht, wenn er doch nicht will?«

Jesus achtete aber nicht auf sie, sondern fuhr fort, die Augen des Mannes mit dem Brei zu bestreichen. Dann, als er fertig war, sagte er ruhig: »So, nun gehe und wasch dein Gesicht.«

Der Blinde wurde von einigen Neugierigen weggeführt, während die meisten anderen bei Jesus blieben, um den Beginn seiner Predigt nicht zu verpassen.

Petrus, der neben Jesus stand, fragte: »Meister, eben hat hier jemand gesagt, der Mann sei schon blind geboren worden. Nun heißt es aber doch, daß nur der leiden muß, der gesündigt hat. Wer hat hier gesündigt – der Blinde selber, sein Vater oder seine Mutter?«

»Niemand«, antwortete Jesus. »Er wurde blind geboren, auf daß sich an ihm der Wille Gottes kundtue!«

Unterdes war der Blinde an den Brunnen geführt worden. Er beugte sich über das Wasser, wusch sich das Gesicht, und je mehr er von dem Brei entfernte, desto heller wurde es vor seinen Augen. Als er sie schließlich zaghaft zu öffnen wagte – überwältigt von der strahlenden Helligkeit um sich herum –, konnte er sehen. Angstvoll und mit unvorstellbarer Freude zugleich, blickte er auf die Menschen, die ihn zum Brunnen begleitet hatten, und auf das Sonnenlicht, das das Wasser zum Glitzern brachte.

Als die Menge nun zu rufen begann: »Er sieht! Seine Augen sind nicht mehr tot! Ein

193

Wunder ist geschehen! Gelobt sei Gott!«, liefen bestürzt einige Pharisäer zum Brunnen hinüber, denn jeder Erfolg Jesu erschien ihnen als ein neues Teufelswerk, das Gesetz und Glauben bedrohte.

Einer fragte aufgeregt: »Wie ist das geschehen? Wie wurde es gemacht?«

Und ein anderer wandte sich an den Blinden selbst: »Was glaubst du? Was denkst du über den Mann, der dich geheilt hat?«

»Er ist ein großer Prophet«, antwortete der Blinde. »Da gibt es gar keinen Zweifel!«

»Was sagst du?« schrie der Pharisäer. »Gott allein hat dir dein Augenlicht wiedergegeben – nicht dieser Mann, der ein Sünder ist wie du!«

Erschreckt von den drohenden Fäusten und dem Geschrei der sensationslüsternen Gaffer, kehrte der Blinde zu Jesus zurück, der, umgeben von seinen Anhängern, eben zu predigen begonnen hatte. Als er den Geheilten kommen sah, unterbrach er sich und fragte ihn freundlich: »Glaubst du an den Menschensohn?«

Der Blinde, verwirrt von allem, was geschehen war, sagte: »Welcher ist es, Herr? Zeige ihn mir, damit ich an ihn glauben kann.«

»Du siehst ihn vor dir. – Er ist es, der zu dir spricht!«

Da nahm der Blinde all seinen Mut zusammen und sagte unter den verächtlichen Blicken der Pharisäer: »Ja, Herr, ich glaube!«

Jesus aber wendete sich wieder an die Menge und sagte: »Ich bin in diese Welt gekommen, um ein Gericht herbeizuführen, damit die Nichtsehenden sehen und die Sehenden blind werden!«

»Was willst du damit sagen?« fragte einer der Pharisäer. »Daß wir, die das Gesetz halten, verblendet sind?«

»Wenn ihr blind wäret, wäret ihr von Sünden frei!« Jesus stieg ein paar Stufen empor, um von seinen Zuhörern besser gesehen zu werden. »Da ihr euch aber für sehend haltet, bleibt ihr sündig.«

»Diesen Mann schickt der Teufel!« schrien jetzt die Pharisäer außer sich. »Warum hört ihr ihm alle überhaupt zu?«

Das war eine müßige Frage, denn immer mehr Leute strömten herbei in der Annahme, daß es zu einer Schlägerei kommen würde. Die einen ergriffen Partei für die Pharisäer, die anderen für Jesus.

»Was heißt hier Teufel? Kann der Teufel Blinde sehend machen? Kann er ihnen Gottes Licht schenken?«

»Natürlich kann er! – Er ist ein Täuscher, der durch vermeintliche Wunder die Menschen an den Abgrund lockt!«

So flogen Fragen und Antworten hin und her, und die Erregung wuchs.

Jesus aber setzte seine Predigt fort und wendete sich nun direkt an die Pharisäer:

»Wehe euch, ihr Schriftgelehrten und Pharisäer, ihr Heuchler, die ihr das Himmelreich vor den Menschen zuschließt! Ihr geht selbst nicht hinein, und die, die hinein wollen, laßt ihr nicht hineingehen!

Wehe euch, ihr Schriftgelehrten und Pharisäer, ihr Heuchler, die ihr über das Land und Meer reist, um nur einen Anhänger zu gewinnen! Wenn er es geworden ist, macht ihr aus ihm ein Kind der Hölle, doppelt so schlimm, als ihr selbst seid.

Wehe euch, ihr Schriftgelehrten und Pharisäer, ihr Heuchler, die ihr wie die übertünchten Gräber seid, die äußerlich hübsch aussehen, inwendig sind sie aber voller Totengebeine und Verwesung! So ist es auch bei euch: von außen scheint ihr vor den Menschen fromm, aber inwendig seid ihr voller Bosheit und Heuchelei!«

Während dieser Worte betrat Zerah den Tempelhof. Er stellte sich hinter eine Säule, um nicht gesehen zu werden, und hörte mit wachsendem Ärger zu.

»Wehe euch, ihr Schriftgelehrten und Pharisäer, ihr Heuchler, die ihr die Grabmäler der Propheten pflegt und die Gräber der Gerechten schmückt und dabei sprecht: Wenn wir zu unserer Väter Zeiten gelebt hätten, so wären wir nicht mit ihnen schuldig geworden am Blut der Propheten! So stellt ihr euch selbst das Zeugnis aus, daß ihr Kinder derer seid, die die Propheten getötet haben. Macht nur das Maß eurer Väter voll! Ihr Schlangen, ihr Otternbrut! Wie wollt ihr dem Strafgericht der Hölle entrinnen?«

Obwohl die Pharisäer angesprochen waren, fühlte Zerah sich von all diesen Worten tief getroffen, und im Grunde seines Herzens beschloß er, alles zu tun, um Jesus zu vernichten.

Die Pharisäer waren über die Anklagen außer sich. »Gotteslästerer!« schrien sie.

»Steinigt den falschen Propheten!«

Aus der Menge der einfachen Zuhörer aber kamen Stimmen der Verteidigung: »Nein! Endlich sagt mal einer die Wahrheit! Laßt ihn in Frieden!«

Die Jünger scharten sich um Jesus, damit ihm die aufgebrachten Pharisäer nichts anhaben konnten.

»Faßt ihn! Ergreift ihn!« schrien die Beleidigten. »Warum zögert ihr noch? Er verhöhnt das Gesetz und spricht sich mit eigenen Worten das Urteil! Steinigt ihn! Treibt ihn aus dem Tempel!«

Barabbas trat aus der erregten Menge hervor und rief: »Ja, steinigt den Verräter, den Freund der Römer, den Speichellecker Cäsars!«

Im Nu entstand ein wildes Handgemenge, in das schon nach wenigen Minuten römische Soldaten eingriffen. Blind vor Wut packte sich Barabbas einen der Wachsoldaten und hielt ihm einen Dolch an die Kehle. Die Römer, die die Hilfeschreie ihres Kameraden hörten, ließen von den anderen Randalierern ab und stürzten sich auf Barabbas und die Zeloten, die neben ihm standen. Im Handumdrehen waren sie gefesselt und wurden nach der Burg Antonia, dem Hauptquartier der Besatzungsmacht, abgeführt.

Die Gefängniszelle, in die man Barabbas brachte, hatte bereits zwei andere Insassen, gemeine Verbrecher, die Joah und Aram hießen. Von draußen drangen die Rufe der Demonstranten herein, die die Freilassung der Zeloten forderten. Nach einiger Zeit wurde die Zellentür aufgeschlossen, und ein Wärter brachte drei Schüsseln mit Essen.

»Deine Freunde fordern, daß man dich freiläßt, damit du weiter morden kannst«, knurrte er Barabbas an und knallte die Holzschüsseln auf den Zellenboden, daß der Inhalt überschwappte.

»Ich bin kein Mörder!« Barabbas würdigte den Wärter keines Blickes. »Ich bin ein Soldat und protestiere dagegen, mit diesem Gesindel in einer Zelle zu liegen!«

Dabei deutete er verächtlich auf Joah und Aram.

»Verbrecher seid ihr alle!« sagte der Wärter grinsend. »Und alle habt ihr dasselbe Schicksal! Das Holz für eure Kreuze liegt schon bereit.«

Den Abend des gleichen Tages verbrachten Jesus und die Jünger im Garten Gethsemane auf dem Ölberg über der Stadt. Sie hatten sich nach dem Aufruhr im Tempel hierher geflüchtet, weil die Stimmung in der Stadt explosiv und gefährlich war.

Darum erschraken die Jünger auch, als sie im Schein der untergehenden Sonne einen Pharisäer den Weg zum Garten heraufkommen sahen. Der Mann hielt Atem schöpfend an und setzte dann seinen Aufstieg fort. Kurz vor dem Eingang zum Garten trat Petrus ihm entschlossen entgegen.

»Ah«, sagte der Pharisäer und wischte sich den Schweiß von der Stirn, »du bist es, Simon Petrus! – Vielleicht erinnerst du dich an mich. Ich heiße Nikodemus und bin bei vielen Predigten des Rabbis gewesen. Du kannst mir vertrauen. Ich bin gekommen, um euch zu warnen und euch meine Hilfe anzubieten. Ihr seid in großer Gefahr! Sage dem Rabbi, er soll unbedingt die Stadt meiden und sich unten nicht sehen lassen. Niemand weiß, was in den nächsten Stunden passieren wird. In drei Tagen beginnt das Passahfest, die Stadt ist voller Pilger, und die Römer sind äußerst nervös, weil sie einen Aufstand fürchten.«

In diesem Augenblick trat Jesus selber aus dem Garten und kam lächelnd auf Nikodemus zu.

»Rabbi«, begann der Pharisäer, »der Hohe Rat wird in zwei Stunden zusammentreten, um über dich zu beraten. Zwar hast du dort viele Feinde, aber auch einige Freunde, die wissen, daß du ein gottgesandter Lehrer bist. Denn niemand kann solche Wunder vollbringen, wenn Gott nicht mit ihm ist. – Trotzdem ist mein Herz besorgt. Ich werde im Hohen Rat für dich sprechen und bin sicher, daß auch andere es tun werden, aber ich bitte dich, sei vorsichtig. Verlasse dieses Versteck vorerst nicht, denn zu viele hassen dich.«

Mit leiser Stimme sagte Jesus: »Verachtet war er und verlassen von Menschen, ein Mann der Schmerzen und vertraut mit Krankheit, wie einer, vor dem man das Antlitz verhüllt; so verachtet, daß er uns nichts galt.«

»Das sind Worte des Propheten Jesaja«, sagte Nikodemus.

»Ja, alte Worte, mein Freund. Aber in Kürze werden sie wahr werden!« Jesus reichte dem Pharisäer die Hand. »Ich danke dir, daß du gekommen bist, aber nun muß alles den Weg gehen, den Gott bestimmt hat.«

Zwei Stunden später versammelten sich einige ausgewählte Mitglieder des Hohen Rates im Hause des Hohen Priesters Kaiphas, wohin sie zu einer geheimen Sitzung befohlen worden waren. Unter den Anwesenden befanden sich auch der junge Priester Zerah und die Pharisäer Nikodemus und Josef von Arimathäa.

Die Stimmung war erregt und erwartungsvoll, denn die Ereignisse der letzten Tage, besonders die Verhaftung der Zeloten, hatten die überfüllte Stadt in höchste Spannung versetzt.

Kaiphas leitete die Sitzung selber. Er saß – leicht nach vorne gebeugt, die Augen halb geschlossen – auf einem erhöhten Thronsessel. Als die Mitglieder des Rates auf ihn einzureden begannen, schien er aber so sehr in Gedanken versunken, daß alle überlaut sprachen, um seine Aufmerksamkeit zu erregen.

»Die Stadt ist in Aufruhr!« sagte Haggai, eines der geachtetsten Ratsmitglieder. »Nach der Verhaftung der Zeloten sind römische Truppen aus Cäsaräa in Anmarsch, um die hiesige Garnison während des Passahfestes zu verstärken.«

»Unseren Informationen zufolge«, rief der Sadduzäer Samuel, »will dieser Jesus von Nazareth das Passahfest dazu benutzen, sich zum König von Israel ausrufen zu lassen. Die Menge nennt ihn bereits einen Propheten. Ich beschwöre Euch, Herr...«

Josef von Arimathäa unterbrach ruhig: »Ich glaube das alles nicht! Ich habe Jesus mehrfach gesehen und predigen gehört. Er spricht über Nächstenliebe, brüderliche Güte und über die Tugenden der Armut...«

»Und daher auch von den Sünden der Reichen und der Heuchelei der Oberklasse!« Haggai spielte mit dieser Äußerung auf die Predigt gegen die Pharisäer an. »Damit hetzt er das Volk gegen uns auf!«

»Wir alle kennen die Untugenden dieser Gesellschaft«, entgegnete Josef von Arimathäa, »und können uns daher vorstellen, was in einem Kenner der Schrift und in einem so aufrichtigen jungen Lehrer wie Jesus vorgehen mag!«

»Aufrichtiger Lehrer?« rief der Priester Habbakuk entsetzt. »Ein falscher Prophet ist er – und nicht einmal ein besonders origineller, denn alles, was er sagt, haben wir auch schon von Johannes dem Täufer und anderen gehört!«

»Jesus von Nazareth stachelt die Zeloten auf, die ihn zum Anführer eines Aufstandes gegen die Römer machen wollen!« Samuel schrie diesen Satz besonders laut, um vom Hohen Priester verstanden zu werden.

»Und doch sagt er immer wieder, daß sein Königreich nicht von dieser Welt sei«, gab Josef von Arimathäa zu bedenken.

»In der Tat, dieser Zimmermann aus Galiläa ist recht bescheiden, wenn er von sich selbst sagt, er sei die Erfüllung von Gottes Versprechungen an unser Volk!« höhnte Haggai. »Sozusagen die Krönung unserer gesamten Geschichte! – Ich sage euch, er beleidigt die Gesetze unserer Väter und ist ein Gotteslästerer!«

Nun hielt es Nikodemus für angebracht, sich zu Wort zu melden. »Ich fühle mich verpflichtet«, sagte er, »euch daran zu erinnern, daß wir auch die Möglichkeit in Betracht ziehen müssen, daß Jesus von Nazareth tatsächlich der Messias ist, auf den wir alle warten!«

Diese Äußerung verursachte einen Augenblick lang verblüfftes Schweigen.

»Ein Handwerker«, rief Habbakuk, »der auf einem Esel in Jerusalem einreitet, nur um die Prophezeiung Sacharjas wahr zu machen? – Niemals!«

»Wie Josef von Arimathäa habe auch ich ihn predigen gehört und Wunder vollbringen sehen!« fuhr Nikodemus fort. »Zweifellos verfügt er über eine besondere Kraft, die von Gott kommt!«

»Seine Redegewandtheit hat dich beeindruckt, und du hast Zaubereien gesehen, die teuflisch sind!«

Aber Nikodemus ließ sich nicht beirren. »Es ist die Hoffnung unseres Volkes, daß eines Tages der Messias kommen wird! Aber wo steht, daß er ein neuer Salomo oder David sein wird? Steht es Gott nicht frei, den Sohn eines Zimmermanns zu erwählen? David war auch nur ein Hirte, bevor er König wurde. Könnten wir nicht die gleichen Einwände, die hier jetzt gegen Jesus erhoben werden, auch gegen jeden andern äußern? – Und würden wir damit den Messias nicht verpassen?«

Diese letzten Worte lösten heftigen Protest aus.

»Wer will nun noch behaupten, daß Jesus von Nazareth harmlos ist, wenn selbst Mitglieder dieses Hohen Rates auf ihn hereinfallen?« rief Samuel.

Mehrere Redner meldeten sich gleichzeitig zu Wort und begannen, durcheinanderzuschreien, bis endlich der Hohe Priester seine Hand erhob und um Ruhe bat.

»Brüder«, sagte er, »ich bin ein alter Mann und zutiefst beunruhigt über das, was ich eben gehört habe. Dieser Rabbi von Nazareth muß ein außerordentlicher Mann sein, wenn er die bedeutendsten Männer Israels in so große Verwirrung stürzen kann.«

Habbakuk wollte unterbrechen, aber Kaiphas wies ihn mit einer energischen Handbewegung zurecht.

»Auf welche Weise unterscheidet er sich eigentlich von den anderen Propheten und Rabbinern unserer zweitausendjährigen Geschichte? – Nun, ich will es euch sagen. Er unterscheidet sich von ihnen, indem er sagt, er hätte die Macht, Sünden zu vergeben. – Wir haben immer geglaubt, daß nur Gott diese Macht besitzt. Dieser Rabbi aus Galiläa stellt sich also – ich wage den Gedanken kaum auszusprechen – Gott gleich. Diese entsetzlichste aller Sünden ist bisher nur ein einziges Mal begangen worden. Nur ein einziges Wesen hat jemals diesen wahnwitzigen Versuch unternommen – sein Name war Luzifer! – Ich wende mich darum an die Brüder, die hier eben ihre Sympathie für diesen Mann geäußert haben. Ich frage euch, kann ein Mensch Gott gleich sein?«

Nikodemus wollte antworten, hielt sich dann aber zurück und schwieg.

»Die Schriften sagen uns«, fuhr Kaiphas fort, »daß der Messias als ein König kommen wird. Ist Jesus ein König – oder ist er nicht vielmehr ein Gotteslästerer? Ist das, was er verkündigt, so bedeutend, daß wir unsere zweitausendjährige Lehre verraten und das Leben unseres Volkes in Gefahr bringen dürfen? – Das, meine Brüder, sind die Fragen, die mein Herz bewegen. Die Römer werden uns nicht viel Zeit lassen, eine Antwort zu finden. Beim leisesten Zeichen von Unbotmäßigkeit werden sie ein Blutbad anrichten. Wir können es nicht zulassen, daß unser Volk für einen falschen Messias stirbt. Wir müssen uns entscheiden – und zwar sofort: Soll ein Mann, von dem wir nicht wissen, wer er ist, für das Volk sterben – oder soll das Volk für diesen Mann sterben?«

Nach diesen Worten des Hohen Priesters herrschte Stille, bis Zerah sagte: »Darf ich daran erinnern, daß wir es nicht in der Hand haben, ob dieser Mann sterben wird oder nicht. Todesurteile sind nicht Sache des Hohen Rates.«

Kaiphas lächelte wohlwollend. »Ich danke dir, Zerah«, sagte er. »Ich hatte mich schon gefragt, wann ich heute abend von dir hören würde. Du erinnerst uns an die Grenzen unserer Rechtsprechung. Wir können zwar Anklage erheben, aber die Römer müssen das Urteil fällen.«

»Für uns«, sagte Zerah, »hat sich Jesus von Nazareth der Gotteslästerung schuldig gemacht – zweifellos ein todeswürdiges Verbrechen. Für die Römer müßte er aber des Hochverrats schuldig sein, um zum Tode verurteilt werden zu können.«

»Schuldig?« unterbrach Josef von Arimathäa den Priester. »Habt ihr denn Beweise, daß er schuldig ist?«

»Jawohl«, sagte Zerah, »ich habe ihn selbst im Tempel gehört. Fast jeder Satz, den er sagte, war eine Gotteslästerung!«

»Herr«, wandte sich Nikodemus an Kaiphas, »der Hohe Rat hat immer gezögert, den Römern Todesurteile vorzuschlagen. Außerdem frage ich mich, ob unsere Gesetze es erlauben, einen Menschen zu verurteilen, ohne ihm Gelegenheit zur Verteidigung zu geben.«

»Du hast recht, Nikodemus.« Der Hohe Priester erhob seine Stimme, damit ihm auch wirklich alle zuhörten. »Wir müssen ihn zuerst verhören und ihm Gelegenheit geben, sich zu rechtfertigen!«

Nach diesen Worten gab der Hohe Priester ein Handzeichen, und der offizielle Teil der Beratung war abgeschlossen. Die meisten Teilnehmer verließen den Saal, nur eine kleine Gruppe blieb noch bei Kaiphas stehen, um zu beratschlagen, auf welche Weise Jesus zum Verhör vor den Hohen Rat geladen werden könnte.

»Ganz einfach, wir müssen ihn verhaften!« sagte Zerah.

»Nein!« Nikodemus wehrte erschrocken ab. »Laßt mich ihn überreden, freiwillig zu kommen.«

»Selbst wenn er freiwillig käme, würde das ein solches Aufsehen erregen, daß die Situation außer Kontrolle geraten könnte.« Zerah blickte den Hohen Priester beschwörend an. »Nein, die einzige Möglichkeit ist, ihn noch heute nacht zu verhaften!«

Kaiphas stimmte zu. »Ich würde zwar lieber deinen Rat befolgen, Nikodemus, aber ich glaube, Zerah hat recht. Im Interesse der öffentlichen Sicherheit muß jedes Aufsehen vermieden werden!«

Es war schon recht spät, als Zerah sein Büro betrat, wo Judas auf ihn wartete.

»Ich freue mich, daß du gekommen bist!« sagte Zerah. »Ich habe schon ein paarmal versucht, dich zu erreichen, aber du warst wie vom Erdboden verschwunden.«

»Ja, ich habe versucht, nachzudenken und eine Entscheidung zu treffen«, sagte Judas bedrückt. »Aber ich bin wie gelähmt, weil ich nicht weiß, was werden soll. Früher habe ich immer gedacht, daß man ein Problem nur klar zu durchdenken braucht, um richtige Lösungen zu finden...«

»Das ist auch so«, antwortete Zerah. »Ein kühler Kopf und ein starker Wille erreichen alles.«

Judas lächelte traurig. »Jesus sagte neulich zu mir, daß das Herz wichtiger sei. Er braucht meinen Verstand nicht, und ich fürchte, er hat recht. Ich bin nicht fähig, sein Jünger zu sein.«

»Betrüge dich nicht selbst, Judas! Die Wahrheit ist, daß du nicht mehr an ihn glaubst. Du hast erkannt, daß er nicht der Messias ist, willst es dir aber nicht eingestehen.«

Zerah schaute Judas scharf an. »Es gibt nur einen Weg, die Wahrheit über Jesus herauszufinden«, fuhr er dann fort. »Er muß vor den Hohen Rat, und du mußt ihn ausliefern!«

Judas hob den Kopf, und Zerah lächelte ihm ermutigend zu.

»Bedenke, wie viele einflußreiche Mitglieder des Rates für Jesus sprechen werden. Und wenn er wirklich der Messias ist, wird Gott ihn nicht verlassen. Wenn aber nicht... Wenn er sich nur als ein falscher Prophet erweist, dann muß Israel vor ihm gerettet werden!«

Schweigend schauten sich die beiden Männer an. Als Judas den Raum verließ, sagte Zerah: »Der Hohe Rat wird dir dankbar sein!«

Noch heute wird das Passahfest am 14. Nisan des jüdischen Kalenders gefeiert, das ist etwa Mitte April. Eine Reihe symbolischer Speisen und Gesten, die an die Sklaverei des

Volkes Israel in Ägypten erinnern sollen, sind typisch für das Festmahl. Im Zusammenhang mit dem ersten Besuch Jesu im Tempel wurde schon über das Passahlamm und seine Bedeutung berichtet.

Eine besondere Rolle spielt außerdem das ungesäuerte Brot, das zur Erinnerung an die Brotkrusten der Sklaverei gebrochen wird. Dazu werden bittere Kräuter gegessen, die die Bitternis der Knechtschaft vergegenwärtigen. Zum Mahl gehören weiterhin ein Brei aus Datteln, Äpfeln, Nüssen und Granatäpfeln, der an den Ton erinnern soll, aus dem in der Sklaverei die Ziegel gemacht wurden, und Wein, der viermal mit besonderen Gebeten getrunken wird und die vier Versprechungen symbolisiert, die Gott seinem Volk für die Befreiung aus Ägypten gab. – Diese Symbole des jüdischen Festes sind wichtig, weil sie von Jesus mit neuen Inhalten versehen und übernommen wurden.

Am späten Abend, als Judas aus der Stadt kam, setzten sich alle zu Tisch. Jesus blickte von einem zum andern und sagte: »Ich freue mich, dieses Passahmahl mit euch zu essen, bevor ich sterbe. Denn ich sage euch: Ich werde es nicht mehr essen, bis es in seiner Vollendung gefeiert wird im Reiche Gottes.«

Als sie aßen, nahm er das Brot, sprach das Dankgebet darüber, brach es und gab es ihnen mit den Worten: »*Nehmt und eßt! Das ist mein Leib, der für euch hingegeben wird. Tut dies zu meinem Gedächtnis!*«

Ebenso nahm er den Becher, sprach das Dankgebet darüber, gab ihn ihnen und sagte: »*Trinket alle daraus! Denn das ist das Blut des neuen Bundes, das für viele vergossen wird zur Vergebung der Sünden. Ich sage euch aber: Ich werde von jetzt an nicht mehr von diesem Gewächs des Weinstocks trinken bis zu jenem Tag, an dem ich es mit euch neu trinken werde im Reiche meines Vaters.*«

Als der Becher die Runde gemacht und alle daraus getrunken hatten, wurde Jesus sehr betrübt und sagte: »Einer ist unter euch, der mich verraten wird!«

Die Jünger sahen sich bestürzt an. »Herr«, rief Petrus über den Tisch, »ich spreche im Namen aller. Keiner von uns denkt auch nur im Traum daran, dich zu verraten!«

»Ich kenne die, die ich erwählt habe«, antwortete Jesus traurig. »Und die Schrift muß erfüllt werden.«

Johannes, der neben Jesus saß, flüsterte ihm zu: »Meister, sage mir, wer es ist!«

Jesus antwortete leise: »Der, dem ich jetzt das Brot eintauchen und reichen werde.« Und er nahm einen Bissen Brot, tauchte ihn in den Granatapfelbrei und gab ihn Judas Ischarioth.

Als Judas den Bissen lächelnd genommen hatte, weil er ihn für eine besondere Auszeichnung hielt, sah Jesus ihn traurig an und sagte: »Was immer du tun willst, das tue rasch!«

Judas, der sich durchschaut fühlte, wurde kreidebleich, erhob sich dann aber rasch von der Tafel und verließ grußlos den Raum.

Als er hinausgegangen war, sagte Jesus: »Ich bin nur noch kurze Zeit bei euch, darum gebe ich euch jetzt ein neues Gebot: Liebet einander! Wie ich euch geliebt habe, so sollt auch ihr einander lieben. Daran sollen alle erkennen, daß ihr meine Jünger seid. – Niemand hat eine größere Liebe als die, daß er sein Leben hingibt für seine Freunde. Ihr seid meine Freunde, wenn ihr tut, was ich euch sage.

In meines Vaters Haus sind viele Wohnungen. Habe ich euch nicht oft gesagt, daß ich hingehe, um euch eine Stätte zu bereiten? Wenn ich hingegangen bin und euch eine Stätte bereitet habe, komme ich wieder und werde euch zu mir nehmen, damit auch ihr seid, wo ich bin.«

»Herr, warum kann ich dir nicht jetzt schon folgen?« fragte Petrus.

»Ich will mein Leben für dich hingeben.«

Jesus schaute Petrus freundlich aber ernst an und sagte: »Dein Leben willst du für mich hingeben? Ich sage dir, Petrus: Ehe der Hahn kräht, wirst du mich dreimal verleugnet haben.«

Nach der Mahlzeit gingen Jesus und die Jünger zum Garten Gethsemane hinüber. Der Mond stand hoch und erleuchtete die Szene taghell. Ein Junge namens Mark öffnete ihnen das Tor in der Mauer und hielt, nachdem sie eingetreten waren, davor Wache.

Unter den Bäumen sagte Jesus: »Ihr werdet mich alle verlassen in dieser Nacht; denn es steht geschrieben: *Ich werde den Hirten schlagen, und die Schafe der Herde werden sich zerstreuen.* Aber nach meiner Auferstehung werde ich euch nach Galiläa vorausgehen.«

»Wenn auch alle dich verlassen«, rief Petrus, »ich werde dich niemals verlassen!«

Aber Jesus antwortete ihm noch einmal: »Schon in dieser Nacht, Petrus, noch ehe der Hahn kräht, wirst du mich dreimal verleugnen.«

Dann forderte er Petrus, Jakobus und Johannes auf, ihn ein Stückchen weiter in den Garten hinein zu begleiten.

Angst überkam ihn und er sagte: »Meine Seele ist zu Tode betrübt! Bleibt hier und wacht mit mir!«

Er ging ein wenig weiter, warf sich zu Boden und betete: »Mein Vater, wenn es möglich ist, so gehe dieser Kelch an mir vorbei. Doch nicht mein, sondern dein Wille geschehe!«

Seine Todesangst wurde immer stärker, und er betete noch inständiger.

Als er zu den Jüngern zurückkam, fand er sie schlafend.

Er weckte Petrus und sagte: »Nicht einmal eine Stunde konntet ihr mit mir wachen!«

Wind erhob sich und Wolken zogen auf. Von der anderen Seite der Mauer hörte man Stimmen.

»Wach auf, Junge!« rief ein Wächter scharf. »Laß uns durch!«

»Hier ist niemand!« rief der zu Tode erschrockene Mark.

»Umso besser«, sagte die Stimme des Wächters, »dann kannst du uns ja unbesorgt durchs Tor lassen!«

Ängstlich liefen die Jünger durcheinander.

»Wir sind verraten! Das sind keine Römer, das sind Tempelwächter!«

»Rasch«, rief Jakobus. »Vielleicht ist auf der anderen Seite noch ein Tor!«

Petrus, Johannes und Matthäus folgten ihm und liefen unter den Bäumen hindurch, blieben aber stehen und liefen zurück, als sie sahen, daß Jesus sich nicht bewegt hatte.

Eine Gruppe von Männern unter der Führung von Judas betrat den Garten. Judas ging geradewegs auf Jesus zu und küßte ihn auf beide Wangen.

»Sei gegrüßt, Meister«, sagte er.

Da deutete Zerah auf Jesus und befahl den Wächtern: »Das ist der Mann, den wir suchen. Verhaftet ihn!«

Andreas und Petrus stürzten sich auf Judas.

»Das hast du geplant, du Hund! Das hast du von Anfang an geplant!«

Andreas begann, auf Judas einzuschlagen, bis der ihn wegstoßen konnte.

»Versteht doch«, rief er, »wenn Jesus wirklich der Messias ist, dann wird er zum Schluß triumphieren! Die einzige Möglichkeit, ihm zu helfen, ist, ihn zu zwingen, vor dem Hohen Rat zu sprechen. Dort hat er Freunde. Laßt sie ihn zu Kaiphas bringen!«

»Niemals!« schrie Petrus. »Wenn sie ihn jetzt ergreifen, wird er nicht mehr zurückkommen!«

Er zog ein Messer aus dem Gürtel und stürzte sich auf die Wächter, die Jesus bereits gefesselt hatten. Einen verletzte er am Ohr und hätte wohl weiter gewütet, wenn Jesus ihm nicht Einhalt geboten hätte.

Ein paar Minuten später lag der Garten schweigend und verlassen in der Dunkelheit. Jesus wurde unter Führung Zerahs von den Wächtern in die Stadt gebracht, und die Jünger waren weggelaufen und hatten sich versteckt.

Erst nach einer Stunde trafen sie am Fuß des Ölbergs wieder zusammen.

»Es waren Tempelwächter«, sagte Philippus, »das heißt, daß man ihn zu Kaiphas gebracht hat.«

»Wir hätten vorsichtiger sein müssen. Nikodemus hat uns gewarnt.« Petrus klang bitter. »Aber jetzt müssen wir gehen. Irgendwer muß feststellen, wo er ist und was sie mit ihm machen.«

»Nein«, antwortete Matthäus, »wir können ihm doch nicht helfen. Das einzige, was wir tun können, ist, uns zu verstecken und abzuwarten.«

»Mir ist egal, was du tust. Ich jedenfalls suche ihn.« Petrus war fest entschlossen. »Vielleicht stimmt, was Judas gesagt hat, und sie behandeln ihn wirklich gerecht!«

Kurz vor Sonnenaufgang lief Judas zum Haus des Hohen Priesters und klopfte an einer der Seitentüren. Ein Wächter öffnete einen Spalt und schaute hinaus.

»Wohin ist Jesus von Nazareth gebracht worden?« rief Judas ungeduldig. »Und sage Zerah, daß ich ihn sprechen will!«

Ohne Antwort zu geben, schlug der Wächter die Tür wieder zu, und erst als Judas mit beiden Fäusten dagegentrommelte, öffnete er sie abermals.

»Ruf mir den Priester Zerah!« verlangte Judas.

»Der ist nicht hier. – Hau ab!« knurrte der Wächter. Da Judas aber keine Anstalten machte, seiner Aufforderung nachzukommen, öffnete er die Tür ganz und versuchte, Judas am Kragen zu packen.

In diesem Augenblick ging das Haupttor des Hauses auf und Zerah, gefolgt von einer Gruppe anderer Priester, trat heraus.

»Zerah!« rief Judas. »Endlich! Wo findet das Treffen mit Kaiphas statt? Ich will dabei sein – vielleicht kann ich Jesus helfen.«

»Ein Treffen?« fragte Zerah mit gespielter Verwunderung.

»Was für ein Treffen?«

»Aber du hast mir doch gesagt . . .« schrie Judas, der schlagartig begriff, daß er getäuscht worden war.

»Eine Gerichtsverhandlung findet statt.« Zerah schaute Judas kühl an. »Und dein Jesus ist grade das erste Mal verhört worden!«

»Ich habe unrecht getan, ihn an dich auszuliefern!« Die Stimme von Judas war vor Entsetzen und Reue fast tonlos. »Sein Blut ist unschuldig!«

»Du hast uns sehr geholfen, Judas, und verdienst unseren Dank!« Zerah wandte sich zum Gehen. Aber dann drehte er sich doch noch einmal um und drückte Judas mit entschuldigendem Lächeln einen Geldbeutel in die Hand. »Ich hoffe«, sagte er, »dich damit nicht zu beleidigen. Es ist eine kleine Anerkennung deiner Verdienste!«

Judas weiteres Schicksal beschreibt der Evangelist Matthäus so: *Als dann Judas, der ihn verraten hatte, sah, daß er (Jesus) verurteilt war, reute es ihn, und er ging hinweg und erhängte sich.*

Während der ganzen Nacht herrschte im Hause Kaiphas reger Betrieb. Die Sitzung des Hohen Rates, bei der Jesus verurteilt werden sollte, mußte vorbereitet werden. Sekretäre und Priester liefen hin und her, um gekaufte Zeugen einzurichten, was sie sagen sollten, und die Aussagen schließlich zu protokollieren.

Jesus wartete unterdes in der Wachstube der Tempelwächter. Zuerst hatten die Soldaten wenig Interesse an ihm gezeigt, aber je mehr Wein sie tranken, desto lauter wurden ihre Reden; sie begannen, ihn anzuschreien und zu schlagen, und da er alles still über sich ergehen ließ, wurden sie immer aggressiver und brutaler. Schließlich verbanden sie ihm die Augen, schlugen ihn von verschiedenen Seiten mit Stöcken und schrien: »Wenn du ein Prophet bist, dann sage uns, wer dich jetzt geschlagen hat!«

Da öffnete sich die Tür und Zerah trat ein. Er blickte mit kalten Augen auf die schreienden, schwitzenden Kerle und befahl: »Hört sofort auf! Bindet ihm die Hände los und führt ihn nach oben.«

Petrus war mittlerweile durch die Stadt geirrt und hatte Kaiphas Haus gesucht. Zuerst hatte er nicht gewagt, jemanden anzuhalten und nach dem Weg zu fragen. Da er sich aber in dem nächtlichen Gassengewirr der fremden Stadt nicht zurechtfand, betrat er schließlich eine Schenke und fragte nach dem Palast des Hohen Priesters.

»Nanu, was willst du denn da?« fragte ihn der Schankwirt gutmütig. »Seine Eminenz liegen bestimmt noch im Bett, und – nimm's mir nicht übel – so einen wie dich empfängt der nicht mal bei Tag!«

Die Gäste, die die Unterhaltung neugierig mitanhörten, lachten, und auch Petrus tat so, als ob er den Spaß lustig fände.

»Nein, nein«, murmelte er ängstlich grinsend. »Kaiphas kann meinetwegen bis in den hellen Tag schlafen, aber mein Bruder arbeitet bei ihm als Hausknecht, und ich komme grade aus Galiläa und will hier die Festtage verbringen!«

»Na, da wird sich der Bruder freuen«, meinte der Wirt ironisch und begann, Petrus genau den Weg zu beschreiben.

Im Innenhof des Hauses saßen Soldaten, Dienstleute und Mägde um ein offenes Feuer. Im Schutz der Dunkelheit mischte sich Petrus unter sie und wartete, was der Morgen bringen würde.

203

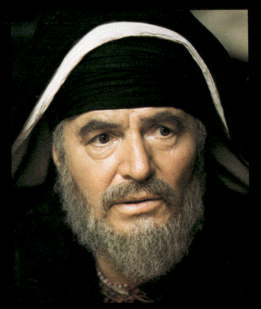

6
DIE ERFÜLLTE VERHEISSUNG

PHOTOGRAPHIEN

1 *Nachdem sie Jesus festgenommen hatten, führten sie ihn zum Hohen Priester*

2 *Petrus begann zu fluchen und zu schwören: »Ich kenne diesen Menschen nicht!«*

3 *Pilatus fragte ihn: »Bist du der König der Juden?«*

4 *»Hörst du nicht, wie viele Anklagen sie gegen dich vorbringen?«*

5 *Pilatus ließ Jesus geißeln*

6 *Die Soldaten warfen ihm einen Purpurmantel um...*

7 *...und flochten aus Dornen eine Krone*

8 *»Gib uns Barabbas frei!«*

9 *»Kreuzigt ihr ihn«, sagte Pilatus zu den Priestern, »denn ich finde keine Schuld an ihm!«*

10 *Pilatus nahm Wasser, wusch sich vor allem Volk die Hände und sagte: »Ich bin unschuldig an seinem Blut!«*

11 *Und sie legten ihm das Kreuz auf die Schultern*

12 *Eine Frau aus der Menge trat auf ihn zu und wischte ihm Schweiß und Blut aus dem Gesicht*

13 *Dann schlugen sie ihn ans Kreuz*

14 *Sie kreuzigten aber noch zwei andere mit ihm*

15 *Pilatus ließ eine Aufschrift auf das Kreuz setzen: Jesus von Nazareth, der König der Juden*

16 *Beim Kreuz standen seine Mutter und Martha*

17 *Maria hielt den leblosen Körper in ihren Armen, und Schmerz und Trauer überwältigten sie*

18 *Als die Sonne aufgegangen war, gingen Maria aus Magdala und die anderen Frauen zu seinem Grab*

19 *Zerah ordnete die ständige Bewachung des Grabes an*

20 *Jetzt beginnt erst alles, dachte Zerah, als er im leeren Grab stand*

21 *»Er lebt! Ich habe ihn gesehen!«*

22 *Die Jünger blickten sich um und sahen Jesus in der Tür stehen*

Trotz der frühen Stunde war der Hohe Rat Israels vollständig versammelt. Jesus war in den großen Versammlungsraum des Hauses gebracht worden.

Flankiert von Sadduzäern und Pharisäern, unter ihnen auch Josef von Arimathäa und Nikodemus, hatte der Hohe Priester auf seinem Thronsessel an der Stirnseite des Saals Platz genommen. Jesus wurde von Zerah in die Mitte des Raums geführt, und zum »Schutz« der Versammlung mußten sich zwei Tempelwächter links und rechts neben ihm aufstellen.

Der Hohe Priester begann das Verhör in höflichem Ton.

»Rabbi«, sagte er, »verschiedene Zeugen haben dem Hohen Rat berichtet, daß du dich mehrfach in Wort und Tat der Gotteslästerung schuldig gemacht hast. Du weißt, daß dies das schwerste Verbrechen ist, das unser Gesetz kennt, und wir wollen dir heute morgen Gelegenheit geben, zu dieser Anklage Stellung zu nehmen und sie – wenn es dir möglich ist – zu entkräften. Ich möchte dich darum zu Beginn der Verhandlung bitten, dem Hohen Rat die Lehre zu erklären, die du und deine Schüler seit geraumer Zeit im Lande verbreiten.«

Jesus, dem die Anstrengung der vergangenen Stunden deutlich anzumerken war, blickte vom Boden auf und sagte: »Ihr alle wißt, daß ich öffentlich gepredigt habe. Jeder, der mich hören wollte, konnte mich hören. Ich habe nichts im Geheimen gesagt oder getan.«

Einer der beiden Tempelwächter, der sich besonders hervortun wollte, versetzte Jesus einen Schlag und schrie ihn an: »Antworte Seiner Eminenz, dem Hohen Priester, gefälligst respektvoll!«

Auf der Bank der Pharisäer wurde Protest laut, Nikodemus wandte sich direkt an Kaiphas und sagte: »Es ist ganz unerträglich, daß ein Angeklagter, der noch nicht verurteilt worden ist, vor diesem hohen Gericht geschlagen wird. Ich protestiere energisch und fordere, daß der Mann bestraft wird!«

Kaiphas nickte zustimmend und sagte zu Zerah: »Sorge dafür, daß diese Verhandlung korrekt verläuft!«

Nachdem der Tempelwächter aus dem Saal gewiesen worden war und ein anderer seinen Platz eingenommen hatte, wandte sich der Hohe Priester abermals an Jesus.

»Bitte, Rabbi, fahre fort!« sagte er in entschuldigendem Ton. Jesus blickte die Mitglieder des Rates der Reihe nach an.

»Wenn ich unrecht geredet habe«, sagte er, »so beweist es mir und klagt mich an; wenn ich recht geredet habe, laßt mich frei!«

»Vor der Tür wartet ein Zeuge, der bestätigen kann, daß dieser Mann öffentlich gepredigt hat, er wolle den Tempel zerstören und in drei Tagen wieder aufbauen!« rief der Sadduzäer Haggai.

»Dazu brauchen wir keine fremden Zeugen.« Zerah trat vor und legte sich die Hand aufs Herz. »Ich habe es selber gehört!«

»Aber das war doch nicht wörtlich zu verstehen«, wandte Nikodemus ein. »Grade du, Zerah, solltest den symbolischen Gehalt einer solchen Redewendung begreifen!«

»Nein, nein!« rief ein Pharisäer dazwischen. »Viele Menschen haben das gehört – und er hat es auch genauso gemeint: Er will den Tempel abreißen und in vier Tagen wieder aufbauen!«

»Sind es nun drei oder vier Tage?« fragte Josef von Arimathäa bissig. »Wer einen solchen Ausspruch wörtlich nimmt, sollte ihn auch genau wiedergeben können.«

»Wir wollen uns doch hier nicht in Details verlieren«, sagte Haggai ungeduldig. »Ich möchte jetzt vielmehr über den Aufruhr sprechen, den der Angeklagte im Vorhof des Tempels angezettelt hat!«

»Davon kann gar nicht die Rede sein. Du weißt doch genau, daß Barabbas den Aufruhr verursacht hat. Schließlich ist er ja dafür auch von den Römern verhaftet worden!« rief Nikodemus empört.

»Aber Barabbas ist zu seinen gewalttätigen Handlungen durch die gotteslästerlichen Reden des Angeklagten herausgefordert worden.« Zerah versuchte der Verhandlung eine andere Richtung zu geben. »Und das ist ja auch der Punkt, um den es hier eigentlich geht. Wie viele fromme und rechtschaffene Männer sollen durch seine Reden denn noch beleidigt und zu unverantwortlichen Taten provoziert werden? Sollen wir es den Römern tatsächlich so leicht machen, immer wieder Strafmaßnahmen gegen unser Volk zu ergreifen?«

An dieser Stelle griff Kaiphas erneut in die Diskussion ein: »Brüder«, sagte er, »ich möchte auf meine erste Frage zurückkommen. – Rabbi, erkläre uns bitte noch einmal die Lehre, die du verkündest! Man hat mir berichtet, daß du von dir selbst sagst, du seist der Christus, der Sohn des lebendigen Gottes. Ist das wahr?«

Im Saal wurde es unheimlich still. Jeder wußte, daß die Antwort auf diese Frage den Ausgang des Prozesses entscheiden würde.

Jesus sammelte sich einen Moment und antwortete dann:

»Wenn ich es euch sagen würde, so würdet ihr mir nicht glauben. Und würde ich euch fragen, so würdet ihr mir nicht antworten. Jedoch: von nun an werdet ihr des Menschen Sohn zur Rechten der Macht Gottes sitzen sehen.«

»Gotteslästerer!«

»Hinaus mit ihm!«

»Hört ihn euch nicht länger an!«

Pharisäer und Sadduzäer waren von ihren Bänken aufgesprungen, drohten Jesus mit den Fäusten und schrien wild durcheinander. Der Hohe Priester hob beide Hände und gebot Ruhe.

»So hältst du dich also wirklich für den Sohn Gottes?« fragte er.

Jesus blickte ihn ruhig an und antwortete: »Du sagst es ja selbst, daß ich es bin!«

»Was brauchen wir noch für Beweise?« rief der Sadduzäer Samuel. »Wir alle haben es jetzt aus seinem eigenen Munde gehört.«

Der Hohe Priester gebot ihm mit einem Handzeichen, zu schweigen, und erhob sich ernst und würdevoll von seinem Thronsessel. Wie es die Sitte bei einer Verurteilung wegen Gotteslästerung verlangte, begann er, sein priesterliches Kleid zu zerreißen. Die Ratsmitglieder verhüllten ihre Gesichter, und tiefes Schweigen senkte sich über die Versammlung. Nach diesem symbolischen Akt der Verdammung erhob Zerah seine Stimme und drückte die Meinung der Ratsmehrheit aus: »Er hat sein eigenes Urteil gesprochen. Für diese Lästerung des ewigen Gottes gibt es nur eine Strafe: den Tod! Wir müssen ihn zu Pontius Pilatus führen, damit der das Urteil über ihn spricht!«

Dann wandte er sich an die beiden Tempelwächter und sagte: »Führt den Angeklagten hinaus!«

Als sich die Tür hinter Jesus geschlossen hatte, fuhr Zerah fort:

»Wir müssen sofort die offizielle Anklageschrift formulieren, damit der Fall dem Prokurator heute noch vorgelegt und von ihm entschieden werden kann.«

Während die Ratsschreiber ihre Schilfrohre spitzten, wurde Jesus über den Hof in die Wachstube der Soldaten geführt. Petrus, der an einem der Feuer saß und sich wärmte, gelang es, einen Blick auf ihn zu werfen. Die Umsitzenden höhnten und machten verächtliche Bemerkungen.

»Da geht er ja, der große Prophet!«

»Habt ihr ihn gesehen, den Sohn Davids?«

»Ganz still und leise ist er jetzt geworden!«

Zitternd und stumm hörte sich Petrus alles mit an.

Da rief plötzlich aus einer Ecke des Hofes eine Magd: »Du da drüben – ja, dich meine ich! – du gehörst doch auch zu diesem Jesus von Nazareth. Ich habe dich doch mit ihm zusammen gesehen!«

Im flackernden Licht der Feuer wandten sich alle Gesichter Petrus zu. Der stand erschrocken auf und sagte: »Ich verstehe nicht, was du meinst!« und ging in den vorderen Hof hinaus.

Da krähte zum ersten Mal an diesem Morgen der Hahn.

Die Magd sah Petrus aber auch draußen stehen und fing wieder an: »Da, seht doch mal, das ist einer von den Freunden dieses Jesus!«

Petrus rief ihr ungeduldig, aber mit unverkennbarer Angst zu: »Ach, nun hör schon auf! Ich weiß wirklich nicht, wovon du sprichst!«

In diesem Augenblick krähte der Hahn zum zweiten Mal.

Die Männer im Hof hatten aber seine Aussprache gehört und erkannten den starken galiläischen Dialekt.

»Du kommst aus Galiläa! Deine Sprache verrät dich!« riefen sie. »Du gehörst zu ihm!«

Aber Petrus schrie sie an: »Laßt mich in Ruhe! Ich kenne diesen Menschen nicht und will auch nichts mit ihm zu tun haben!«

Da krähte der Hahn zum dritten Mal.

Die Dienstleute und Soldaten starrten Petrus feindselig und mißtrauisch an, und er begann zu weinen, denn er erinnerte sich, was Jesus nur wenige Stunden vorher zu ihm gesagt hatte. Er verließ den Palast des Hohen Priesters und schlich sich davon.

Der Prokurator Pontius Pilatus kam so selten wie möglich nach Jerusalem. Er verabscheute die winklige, überfüllte Stadt und blieb lieber in seiner Residenz Cäsaräa.

Cäsaräa war ein eleganter Badeort am Mittelmeer mit allen Bequemlichkeiten der römischen Zivilisation. Herodes der Große hatte ihn einst zu Ehren des Kaisers Augustus erbauen lassen, und die Römer hatten Cäsaräa später zur Hauptstadt ihrer Teilprovinz Palästina gemacht. Hier waren sie ganz unter sich, denn die Juden mieden die heidnische Stadt, weil sie fürchteten, sich hier zu verunreinigen.

Zum höchsten jüdischen Fest ließ sich eine Reise nach Jerusalem allerdings nicht vermeiden. Pontius Pilatus und sein Hofstaat waren am Abend in Cäsaräa aufgebrochen, um nicht während der Hitze des Tages unterwegs sein zu müssen. In den frühen Morgenstunden erreichten sie die jüdische Hauptstadt und begaben sich sofort in die Festung Antonia, dem Hauptquartier der Besatzungsmacht.

Noch bevor Pilatus sich in seine Privaträume zurückziehen konnte, bat sein Stellvertreter in Jerusalem, Quintillius, schon um eine Unterredung.

»Euer Exzellenz, es ist außerordentlich dringend . . .« begann er.

Pontius Pilatus, der es haßte, in aller Frühe mit dringlichen Geschäften behelligt zu werden, unterbrach ungnädig und fragte: »Wer ist dieser Barabbas? Als ich in die Stadt kam, schrie der Pöbel an jeder Straßenecke seinen Namen!«

»Ein Aufrührer, dessen Todesurteil schon zur Unterschrift bereitliegt«, antwortete Quintillius.

»Was hat der Kerl angestellt?«

»Er ist der Anführer der hiesigen Zeloten und hat im Vorhof des Tempels einen unserer Soldaten angegriffen.«

»Er scheint recht populär zu sein«, meinte Pontius Pilatus, und eine Vorahnung überkam ihn, daß dieses Jerusalem wieder eine Fülle von Unannehmlichkeiten für ihn bereithalten würde.

»Ja, der Pöbel liebt ihn«, sagte Quintillius.

»Und der Hohe Rat?«

»Möchte ihn lieber heute als morgen los werden.«

Der Prokurator lächelte seinem Stellvertreter zu: »Nun daraus müßte sich doch für uns ein Vorteil ziehen lassen.«

Quintillius verstand sofort, was der Prokurator meinte. »Nun, wenn Ihr den Keil zwischen Hohem Rat und Volk noch ein wenig tiefer treiben wollt, könntet Ihr Euch an die alte Sitte erinnern und zum Passahfest einen Gefangenen freilassen«, grinste er.

»Und Barabbas wäre der richtige Mann?«

»Ja, das ist einer der Gründe, warum ich Euch schon so früh störe, Exzellenz!«

Quintillius lächelte entschuldigend. »Interessant ist nämlich, daß dieser Barabbas angeblich durch die Worte eines fanatischen Predigers – man nennt ihn Jesus von Nazareth – gereizt worden ist.«

»Was ist daran interessant?« fragte Pontius Pilatus.

»Eben dieser Jesus ist heute nacht verhaftet worden, und eine Delegation des Hohen Rates wartet mit ihm im Hof des Kastells. Man hat ihn wegen Gotteslästerung angeklagt, und Ihr, Exzellenz, sollt nun das Todesurteil über ihn sprechen und ihn hinrichten lassen.«

»Gotteslästerung?« Der Prokurator schüttelte verächtlich den Kopf. »Interessiert mich nicht. Diese jüdische Religion langweilt mich zu Tode, und dieser Gotteslästerer kann warten.«

»Es ist aber so, Exzellenz, daß man von Euch erwartet, daß Ihr einen der beiden – entweder Jesus oder Barabbas – freilaßt! Und die Entscheidung dürfte in diesem Fall nicht so ganz einfach sein. Der Prediger ist harmlos und ganz sicher unschuldig, obwohl seine Reden gewalttätige Extremisten wie diesen Barabbas offenbar zur Wut reizen. Er scheint überhaupt große Macht über das Volk zu haben, und vielleicht wäre es darum besser, ihn von vornherein unschädlich zu machen. Auf der anderen Seite behaupten die Juden aber immer, daß wir unsere Herrschaft nur aufrechterhalten können, weil wir mit Terror regieren. Jetzt hätten wir Gelegenheit, dem Volk das Gegenteil zu beweisen, indem wir einen Mann begnadigen, der uns von den Juden selbst zur Hinrichtung übergeben wurde.«

Pilatus dachte einen Moment nach. Dann sagte er: »Ich verabscheue diese komplizierten jüdischen Geschichten, aber das hilft mir nicht. Also laß die Delegation des Hohen Rates hereinführen.«

»Tut mir leid, Exzellenz, aber bedauerlicherweise müssen wir zu ihnen hinausgehen«, sagte Quintillius. »Sie weigern sich, ein heidnisches Gebäude zu betreten.«

»Ihr Götter, was für ein Volk!« rief Pilatus aus. »Warum muß ich grade hier Prokurator sein?«

Zusammen mit Quintillius begab er sich hinunter in den Hof, wo die Mitglieder des Hohen Rates mit dem gefesselten und bewachten Jesus warteten.

»Ihr wißt sehr genau«, begann Pontius Pilatus, ohne sich auf lange Begrüßungsformalitäten einzulassen, »daß ich mich nicht in eure Religionsangelegenheiten einmische. Ich bin Politiker und Verwaltungsbeamter und interessiere mich nicht für Theologie!«

»Das wissen wir, Euer Exzellenz«, sagte Haggai, der zum Sprecher der Abordnung gewählt worden war. »Aber dieser Mann«, und dabei wies er auf Jesus, »schändet unsere Religion und ist eine ernste Gefahr für den Frieden dieses Landes.«

»Er behauptet der Christus zu sein«, ergänzte Zerah, »das heißt der Gesalbte.«

Pontius Pilatus lächelte ironisch und sagte: »Vielen Dank für deine Erläuterung, ich verstehe Griechisch!«

»Aber die Beanspruchung dieses Titels bedeutet automatisch auch die Beanspruchung der Königswürde«, versuchte Haggai zu erklären. »Wenn dieser Mann behauptet, er sei der Christus – oder der Messias, wie wir es nennen –, sagt er damit, daß er der König unseres Volkes ist.«

Pilatus beachtete die Worte Haggais gar nicht, sondern fragte: »Hat er das Volk jemals aufgefordert, sich gegen das Imperium zu erheben?«

Haggai und Zerah blickten sich ahnungsvoll an.

»Euer Schweigen sagt mir, daß das nicht der Fall ist.«

Pilatus wandte sich an Quintillius.

»Das Ganze scheint mir eine rein religiöse Angelegenheit zu sein, und ich habe keine Lust, meine Zeit mit diesem abergläubischen Unsinn zu verschwenden.«

Haggai, der sich über den Hochmut des Römers zu ärgern begann, wollte etwas sagen, aber Zerah legte ihm beruhigend die Hand auf den Arm.

»Euer Exzellenz«, sagte er dann, »die Sache ist wirklich von großer Wichtigkeit für unser Volk. Nach dem mosaischen Gesetz steht auf Gotteslästerung die Todesstrafe. Dieser Jesus von Nazareth bezeichnet sich selbst als den Sohn Gottes, und Euer Exzellenz werden begreifen, daß . . .«

»Habt ihr nicht verstanden?« unterbrach Quintillius. »Seine Exzellenz sind nicht interessiert an euren religiösen Streitereien!«

»Das ist mehr als ein Streit!« antwortete Zerah. »Das ist eine Beleidigung unseres Volkes und seiner heiligsten Werte und Gefühle.«

»Das einzige, was mich interessiert, sind die Gesetze des Imperiums und die Befehle des Kaisers«, sagte Pilatus scharf, um die Diskussion zu beenden. »Hat der Angeklagte das römische Recht in irgendeiner Weise verletzt?«

»Jawohl, Euer Exzellenz«, antwortete Zerah. »Er hat sich selbst als König der Juden bezeichnet.«

»Hat er diese Behauptung ausdrücklich aufgestellt, oder ist das eure Auslegung?«

»Nein, ausdrücklich und vor vielen Zeugen!« versicherte Zerah. »Außerdem hat er dem Volk gesagt, es solle den Tribut an den Kaiser verweigern.«

»Ah, das ändert die Sache natürlich«, sagte Pontius Pilatus ziemlich lustlos. »Also gut, ich werde mir den Mann ansehen und hören, was er zu sagen hat. Bringt ihn her!«

Jesus, der von Wachsoldaten umgeben abseits gestanden hatte, wurde nun direkt vor den Prokurator geführt.

Pilatus schaute höhnisch zu den Mitgliedern des Hohen Rates hinüber. »So, das ist also euer Thronanwärter und Staatsfeind Nummer eins! – Zerlumpt, barfuß und abgemagert.«

Er wandte sich an Jesus.

»Du hast gehört, was die Priester deines Tempels gegen dich vorbringen. Sie sagen, du behauptetest, der König der Juden zu sein, und außerdem sollst du das Volk aufgehetzt haben, dem Kaiser den Tribut zu verweigern. Was sagst du dazu?«

Jesus blickte Pilatus gerade ins Gesicht und schwieg.

»Also, bist du nun der König der Juden?« fragte Pilatus ungeduldig. »Oder bist du's nicht?«

»Mein Reich ist nicht von dieser Welt!« antwortete Jesus ruhig. »Wenn es von dieser Welt wäre, würden meine Diener kämpfen, um mich aus der Gefangenschaft zu befreien.«

»Aber ein König bist du?« fragte Pilatus.

»Ja, du sagst es. Ich bin dazu geboren und dazu in die Welt gekommen, daß ich für die Wahrheit zeuge. Und alle, die die Wahrheit lieben, hören meine Stimme.«

Er blickte Pilatus in die Augen, aber der Prokurator wich seinem Blick aus.

Unwirsch wandte er sich an die Abordnung des Hohen Rates.

»Ich verstehe zwar weder diesen Mann noch seine Worte, aber ich verstehe eines sehr gut: Es gibt nicht den geringsten Grund, ihn zum Tode zu verurteilen!«

Damit rief Pilatus einige Soldaten der Garnison, zeigte auf Jesus und sagte: »Peitscht ihn aus, und laßt ihn dann nach Hause gehen!«

Die Soldaten führten Jesus an einen Pfeiler in der Mitte des Hofes. Dann fesselten sie ihn, zogen ihm das Kleid von der Schulter und ließen lange Lederpeitschen, an deren Enden sich scharfe Knochenstücke befanden, abwechselnd auf seinen Rücken niederklatschen.

Diese Art der Geißelung war eine der gefürchtetsten Strafen, weil viele Menschen dabei vor Schmerz buchstäblich wahnsinnig wurden.

Die Haut Jesu sprang schon nach dem zweiten Hieb auf, und das Blut strömte über seinen Rücken.

Pilatus, der sich von der Ausführung des Urteils überzeugen wollte, stand in einer Ecke des Hofes, unterhielt sich mit Quintillius und beachtete weder die Folterknechte und ihr Opfer noch die Delegation des Hohen Rates.

Die Soldaten, die Jesus auspeitschten, waren Syrer, die die Juden haßten. Sie erfüllten darum ihre Pflicht mit sadistischer Freude, und erst als Jesus ohnmächtig wurde und sein Kopf gegen den Pfeiler schlug, befahl der kommandierende Offizier, die Bestrafung einzustellen.

»Übergießt ihn mit Wasser und zieht ihn wieder an«, sagte er verächtlich. Doch dann kam ihm eine Idee.

»Wenn dieser Kerl der König der Juden sein will«, sagte er mit gemeinem Grinsen, »dann sollte er sich besser anziehen!« Und mit diesen Worten riß er einem Soldaten den roten Mantel von der Schulter und warf ihn Jesus über, der erst wieder halb bei Bewußtsein war und von zwei Soldaten gehalten werden mußte. Einer von den Folterknechten, der den

240

Spott begriff, lief zur Wachstube hinüber und kam gleich darauf mit einem langstachligen Dornenzweig zurück, den er vorsichtig zu einem Kranz bog und ihn dann Jesus fest auf den Kopf drückte.

»Ein richtiger König muß doch auch eine Krone haben!« grölte er laut, um vom Prokurator bemerkt zu werden.

Doch der beachtete das Treiben seiner Männer gar nicht, sondern wandte sich an Quintillius und sagte: »So, das wäre nun wohl erledigt. Ich glaube, wir können gehen.«

In diesem Moment aber trat Zerah aus den Reihen der Abordnung vor und rief mit scharfer Stimme: »Einen Moment noch, Euer Exzellenz. Wir finden es – mit Verlaub gesagt – unverständlich, daß Ihr Euch weigert, der Empfehlung des Hohen Rates nachzukommen und diesen Mann zu verurteilen. Zweifellos ist jemand, der behauptet, König der Juden zu sein, eine Beleidigung für den Kaiser, der in seinem Imperium allein das Recht hat, Könige und Fürsten zu ernennen. Könnte es nicht, wenn Ihr diesen Jesus gehen laßt, so aussehen, als ob Euch die Würde des Kaisers nicht sehr viel bedeutet? Und wäre es nicht möglich, daß böse Zungen Euch in Rom verleumden?«

Das war eine kaum verhüllte Drohung, die nichts anderes bedeutete als: Tust du nicht, worum wir dich bitten, werden wir dich beim Kaiser verklagen.

Der Prokurator blickte Zerah kühl an und dachte: So gerissen wie du, Bürschchen, bin ich noch lange. Laut aber sagte er: »Du hast völlig recht. Aber wie dir bekannt ist, wird jeweils zum Passahfest eine Begnadigung ausgesprochen. Und obwohl auch ich die Beleidigung der kaiserlichen Majestät für ernst halte, werde ich diesen Jesus aus Anlaß des Festes freilassen.«

Der Ärger der Ratsmitglieder über die neue Wendung der Dinge war deutlich erkennbar. Um sie gänzlich zu überrumpeln, fügte Pontius Pilatus noch hinzu: »Aber lassen wir doch Volkes Stimme sprechen. Das Volk soll entscheiden!«

Und er gab den Befehl, die Menschen, die vor dem Kastell warteten, in den Hof zu lassen.

Dann fragte er: »Also, wo ist dieser Jesus? Bringt mir den König der Juden her!«

Die Wachsoldaten zerrten Jesus herbei und stellten ihn in gebührendem Abstand neben den Prokurator.

Pontius Pilatus warf einen raschen Blick auf Jesus. Das Gesicht war verschwollen, und unter der Dornenkrone hervor rann Blut über die Stirn. Der rote Mantel konnte nur notdürftig die schweren Verletzungen der Auspeitschung bedecken. Der Anblick dieses gequälten und entwürdigten Menschen – daran zweifelte der Prokurator keinen Augenblick – würde das Mitleid der Menge erregen.

Er trat vor, zeigte auf Jesus und rief: »Schaut euch diesen Mann an!« Aber bevor er noch weitersprechen konnte, rief die Menge schon: »Kreuzige ihn! Kreuzige ihn!«

Pilatus, der mit dieser Reaktion nicht gerechnet hatte, fragte überrascht: »Aber was hat er euch denn Böses getan?«

»Er ist ein falscher Prophet! Er hat sich mit Gott verglichen! Kreuzige ihn!«

Jesus stand aufrecht und ruhig vor diesem tobenden Hexenkessel, und Pilatus war merkwürdig angerührt von der Stille und dem Ernst, die von diesem Mann ausgingen.

Er senkte die Stimme und fragte Jesus leise: »Warum verteidigst du dich nicht? Hörst du nicht, wie viele Anklagen sie gegen dich vorbringen? Verstehst du nicht, daß ich die Macht habe, dich zu kreuzigen oder freizulassen?«

241

»Du hättest keine Macht über mich, wenn es dir nicht von oben herab gegeben wäre!« Jesus konnte vor Schmerzen kaum noch sprechen. Leise fuhr er fort: »Deshalb hat der, welcher mich dir überliefert hat, größere Sünde.«

Pilatus wandte sich wieder an die Menge.

»Die Tage eures höchsten Festes beginnen!« rief er. »Eine Zeit der Gnade und Barmherzigkeit! – Soll ich euch diesen Mann nicht freilassen?«

Die Zeloten, die sich unter das Volk gemischt hatten, um gegen Jesus Stimmung zu machen, schrien: »Nein, laß Barabbas frei!«

Andere nahmen diesen Ruf auf: »Laß Barabbas frei. Ba-ra-bbas! Ba-ra-bbas! Ba-ra-bbas!«

Nur einige wenige Stimmen riefen: »Jesus! Laß Jesus frei!«

Aber die rhythmischen Ba-ra-bbas-, Ba-ra-bbas-Rufe übertönten alles. Pilatus schaute zu Jesus hinüber, der ruhig auf die Menge blickte. Nichts deutete darauf hin, daß er ängstlich oder verzweifelt war.

»Gut«, sagte der Prokurator und beugte sich zu Quintillius hinüber. »Sie wollen Barabbas, also werde ich ihnen Barabbas geben. Es ist sowieso völlig gleichgültig. Ich habe endgültig genug von dieser Geschichte und wünschte nur, ich wäre diesem Jesus nie begegnet. Lassen wir also Barabbas frei.«

»Und was geschieht mit Jesus?«

»Bereite das Todesurteil zur Unterschrift vor.«

Dann ließ er sich von einem Diener eine Schüssel mit Wasser bringen, wusch sich vor allem Volke in zeremonieller Weise die Hände und rief: »Ich bin unschuldig an seinem Blut!« Und zu den Priestern gewandt sagte er: »Kreuzigt *ihr* ihn, denn ich finde keine Schuld an ihm!«

Quintillius begab sich in das Verlies hinunter, wo Barabbas immer noch mit Aram und Joah die Zelle teilte.

Als der Wärter die Tür aufriegelte, trat er ein und fragte: »Wer von euch ist Barabbas?«

»Ah, das letzte Stündlein hat geschlagen!« sagte der Zelot verächtlich und erhob sich von dem verfaulten Stroh, auf dem er mit den beiden andern hatte liegen müssen.

Der Wärter folgte Quintillius in die Zelle und machte Barabbas von den Ketten los. Der Gefangene massierte seine abgestorbenen Handgelenke und sagte: »Fügt euren Schandtaten nur eine weitere hinzu! Ich spucke auf euch Römer und auf eure Macht. Der Tag des Herrn wird kommen, und euer verfluchtes Imperium wird in den Flammen der Hölle untergehen!«

»Dafür könnte ich dich erneut in Haft nehmen!« sagte Quintillius. »Aber ich will's nicht gehört haben. – Du bist frei!«

Dann wandte er sich barsch an die beiden andern und sagte: »Macht euch bereit. Euer Urteil wird in einer Stunde vollstreckt!«

»Ich bin unschuldig!« schrie Aram. »Das ist ein Versehen! *Ich* sollte begnadigt werden, denn ich habe nichts getan!«

Mit haßerfüllten Augen starrte Joah Barabbas an. »Du Hundesohn, du hast dich an die Römer verkauft. Du hast uns bespitzelt, du Dreckstück!«

Er wollte sich auf den Zeloten werfen, aber der Wärter trat dazwischen. »Los, raus hier!« sagte er zu Barabbas. »Hau endlich ab!«

242

Die Kreuzigung war die grauenhafteste Art der Hinrichtung, die man sich vorstellen kann, und bedeutete tiefste menschliche Erniedrigung zugleich. Es war eine Strafe für Sklaven oder für Angehörige der von Rom kolonialisierten Völker, denn Menschen, die das römische Bürgerrecht besaßen, durften nicht gekreuzigt werden. Ein Teil der Bestrafung bestand schon darin, daß der Verurteilte den Querbalken des Kreuzes selbst zur Richtstätte tragen mußte, um auf dem Weg dorthin angespuckt und beschimpft werden zu können.

Auch Jesus wurde nun das schwere Holz auf den von Peitschenhieben zerschundenen Rücken gelegt.

»Du kannst es jetzt festbinden«, sagte der Offizier zum Wachsoldaten, der dieses traurige Geschäft besorgen mußte. »Das ist der letzte Verurteilte für heute, die beiden anderen sind schon draußen.«

Von sechs römischen Soldaten wurde Jesus durch die engen Gassen Jerusalems zur Hinrichtungsstätte geführt. Immer noch die Dornenkrone auf dem Kopf und geschwächt von Verhören und Folterungen, konnte er sich unter der schweren Last des Holzes kaum aufrechthalten. Die Sonne brannte unbarmherzig vom Himmel, und die Menschen in den Straßen lachten, johlten und spotteten.

In einem der Hauseingänge wartete Nikodemus darauf, Jesus vorübergehen zu sehen. Als sich die grauenhafte Prozession näherte und er den Gequälten und Geschundenen sah, brach er in Tränen aus. Er begriff in diesem Augenblick, daß die Worte, die Jesaja über den Messias gesagt hatte, in Erfüllung gingen:

Verachtet war er und verlassen von den Menschen, ein Mann der Schmerzen und vertraut mit Krankheit, wie einer, vor dem man das Antlitz verhüllt; so verachtet, daß er uns nichts galt.

Die Soldaten begannen, Jesus zu stoßen, um ihn schneller voranzutreiben. Aber er war so schwach, daß er nun zusammenbrach und auf das Pflaster fiel.

Eine Frau kam aus einem Haus und brachte ein Tuch. Sie drängte sich durch die Menge, trat auf ihn zu und wischte ihm Schweiß und Blut aus dem Gesicht. Die Soldaten hoben ihn vom Boden auf, und er taumelte weiter.

Auf der Hinrichtungsstätte, die hebräisch Golgatha (Schädelstätte) hieß, hatte die Exekution begonnen. Joah war bereits ans Kreuz geschlagen worden, und Aram wurde eben an den Querbalken genagelt. Die fürchterlichen Schreie der beiden hallten über den Platz, als Jesus ihn, verhöhnt von der Menge, betrat.

Während Arams und Joahs Kreuze schon aufgerichtet wurden und Jesus sich auf den Boden legen mußte, um sich für die grauenvolle Prozedur bereitzumachen, näherte sich eine Gruppe von Frauen, die von der Besatzungsmacht das Recht erworben hatten, die zum Tode Verurteilten mit einem in Wein aufgelösten Betäubungsmittel zu versehen. Aram und Joah hatten den Trank, der die unvorstellbaren Schmerzen der Nagelung lindern sollte, mit ängstlicher Gier getrunken, aber Jesus wies den Becher zurück.

Durch die gaffende Menge drängten sich Johannes und Martha, um Jesus so nahe wie möglich zu sein. Grade wurden seine Hände an den Querbalken genagelt. Die Henkersknechte schlugen mit brutaler Gewalt zu, und die Schmerzensschreie störten sie nicht im mindesten. Dann wurde das Kreuz zwischen denen von Aram und Joah aufgerichtet.

Nikodemus, der Jesus nach Golgatha gefolgt war, flüsterte: »So hat Gott die Welt geliebt, daß er seinen eingeborenen Sohn sandte . . .«

Die Menschen bemerkten nun die Aufschrift, die Pontius Pilatus auf das Kreuz Jesu hatte setzen lassen: »Jesus von Nazareth, König der Juden«; und einige Pharisäer traten vor und riefen den römischen Soldaten zu: »Das ist eine Gotteslästerung! Holt das Schild runter!«

Die Soldaten aber beachteten sie gar nicht, sondern drängten die Menge zurück. Einer der Pharisäer rief Jesus zu: »Wenn du den Tempel zerstören und in drei Tagen wieder aufbauen kannst, so rette dich doch selbst! Bist du wirklich der Sohn Gottes, so steig vom Kreuz herab!«

Maria versuchte, sich durch die Gaffer und Spötter zum Kreuz vorzudrängen.

»Ich bin seine Mutter!« rief sie. »Laßt mich durch!«

»Kannst du das beweisen?« fragte einer der Wachsoldaten.

Aber der Hauptmann, dessen Diener von Jesus geheilt worden war, stand auch beim Kreuz und sagte: »Ich kenne die Frau, laßt sie zu ihm.«

Diese Lüge war das einzige, was er für Jesus tun konnte, und er schämte sich seiner Machtlosigkeit.

Auch Martha, die Schwester des Lazarus, und Maria aus Magdala wollten näher zu Jesus. Der Soldat hielt sie auf und schaute sie prüfend an.

»Und wer seid ihr?«

»Wir gehören zur Familie«, antwortete Martha und versuchte, an ihm vorbeizukommen, aber er hielt sie fest und fragte Maria: »Kennst du die beiden?«

Und obwohl die Mutter Jesu die Frauen niemals zuvor gesehen hatte, antwortete sie: »Ja, sie gehören zu mir!«

Die drei gingen auf das Kreuz zu. Die stechende Sonne verschwand hinter einer schwarzen Wolke, und ein stürmischer Wind kam auf.

Nun drängten auch Johannes und Jakobus nach vorne und versuchten, zu den drei Frauen am Kreuz zu gelangen.

Der Hauptmann, der Johannes schon bei Jesus im Tempel gesehen hatte, lächelte ihn traurig an und sagte zum Wächter: »Ich kenne diese Leute, laß sie durch!«

Als nun Jesus seine Mutter sah und neben ihr Johannes, den Jünger, den er am liebsten hatte, sagte er zu Maria: »Siehe, das ist dein Sohn!«, und zu Johannes sagte er: »Siehe, das ist deine Mutter!«

Johannes legte den Arm um Maria als ein Versprechen, in Zukunft für sie zu sorgen.

Plötzlich rief Jesus laut: »Mich dürstet!«, und einer der Wächter ging widerwillig zu dem Steinkrug hinüber, in dem essiggetränkte Schwämme bereitlagen. Er nahm einen Schwamm, steckte ihn an einen Stock und hielt ihn Jesus gegen den Mund.

Nachdem er getrunken hatte, schrie Jesus laut: »Eli, Eli, lama sabachthani« (das heißt: »Mein Gott, mein Gott, warum hast du mich verlassen?«), und der Wachsoldat reichte ihm abermals einen essiggefüllten Schwamm.

Jesus nahm von dem Essig und sagte dann: »Es ist vollbracht. – Vater, ich befehle meinen Geist in deine Hände!«

Dann fiel sein Kopf nach vorne, und er starb.

Jesus war zwar tot, aber damit waren die Probleme, die der Hohe Rat mit ihm hatte, noch keineswegs aus der Welt geschafft. Da der Prokurator die Priesterdelegation am Morgen nicht grade mit überschwenglicher Freundlichkeit empfangen hatte, begab sich der Hohe

Priester nun selbst in das Hauptquartier der Römer, um die weiteren Wünsche und Maßnahmen mit Pontius Pilatus zu besprechen.

Er war froh, dem Prokurator bereits im Hof des Kastells zu begegnen, denn so konnte er sich lange Erklärungen, warum er das Gebäude nicht betreten wollte, ersparen.

»Ich weiß, wie beschäftigt Ihr seid, mein lieber Prokurator«, eröffnete er das Gespräch, »aber unglücklicherweise muß ich Euch noch einmal um eine Gefälligkeit bitten. Wäre es möglich, die Körper der Hingerichteten noch heute nachmittag von den Kreuzen abzunehmen? – Wie Ihr vermutlich wißt, dürfen unserer Tradition nach Verstorbene während des Sabbats nicht unbeerdigt bleiben.«

»Ja, dagegen ist wohl nichts einzuwenden«, antwortete Pontius Pilatus.

»Und da ist noch eine Kleinigkeit, um die ich Euch ersuchen muß. Dieser falsche Prophet hat gesagt, er würde drei Tage nach seinem Tode wieder auferstehen…«

»Wie bitte?« Der Prokurator glaubte, nicht recht verstanden zu haben.

»Ja«, der Hohe Priester lachte gequält, »selbstverständlich – ein ganz törichter Unsinn! Aber immerhin – er hat behauptet, nach drei Tagen von den Toten aufzuerstehen, und seine Anhänger glauben das!«

Pontius Pilatus konnte nur mit Mühe ein Grinsen unterdrücken.

»Ich kann Euch beruhigen, Eminenz, aber nach einer römischen Kreuzigung ist noch niemand wieder lebendig geworden. Und so sollten wir uns unsere kostbare Zeit nicht von solch abergläubischen Dummheiten stehlen lassen!«

»Ihr habt zwar völlig recht, mein lieber Prokurator«, sagte Kaiphas, der sich ärgerte, so von oben herab behandelt zu werden, »aber ich fürchte, man kann den Aberglauben des Volkes nicht ernst genug nehmen. Es besteht die Gefahr, daß die Anhänger dieses Jesus seinen Leichnam stehlen, nur um zu behaupten, seine Prophezeiung habe sich erfüllt. – Ich möchte Euch darum bitten, das Grab drei Tage lang bewachen zu lassen. Dann hat sich erwiesen, daß seine Vorhersage falsch war, und der ganze Spuk hat ein Ende.«

Pontius Pilatus schüttelte verwundert den Kopf und sagte: »Das Ganze scheint mir etwas seltsam, aber wenn es Euch beruhigt, Eminenz, werde ich ein paar Soldaten vor das Grab stellen und es bewachen lassen.«

Jesus war tot, aber seine Mutter, Maria aus Magdala, Johannes, Jakobus, Nikodemus und Joseph von Arimathäa standen noch lange Zeit unter dem Kreuz. Sie mußten mitansehen, wie einer der Soldaten den Körper Jesu mit einem Speer durchbohrte, um seinen Tod mit Sicherheit festzustellen. Dann erschien ein Bote des Prokurators mit dem Befehl, die Leichname von den Kreuzen abzunehmen.

Unterdes hatte sich Josef von Arimathäa an die Mutter von Jesus gewandt und sagte: »Meine Familie hat draußen vor der Stadt einen Begräbnisplatz. Dort wurde grade eine neue Grabhöhle in den Felsen geschlagen. Wenn es dir recht ist, können wir deinen Sohn dort beisetzen.«

»Wir müssen uns beeilen!« mahnte Nikodemus. »In zwei Stunden beginnt der Sabbat, und bis dahin muß alles geschehen sein. Wir brauchen Leinentücher, Kräuter und Salben, um ihn einzubalsamieren. Ich werde laufen und alles besorgen!«

»Salbe habe ich mitgebracht«, sagte Maria aus Magdala. »Ich habe sie schon einmal für ihn verwendet.« Sie brach in Tränen aus und fügte hinzu: »Aber da lebte er noch.«

245

Mittlerweile war der Wind stärker geworden, und der Himmel hatte sich verdunkelt. Die ersten Tropfen fielen, Blitze zuckten, und schon nach wenigen Augenblicken prasselte ein heftiger Gewitterregen nieder.

Die römischen Soldaten fluchten.

Bis zu diesem Augenblick war die Mutter Jesu vor Schmerz wie versteinert gewesen. Sie hatte nicht geweint und nichts gesagt, sondern nur auf den gemarterten Körper ihres Sohnes geblickt. Aber als er jetzt vom Kreuz abgenommen worden war und sie ihn leblos in ihren Armen hielt, überwältigte die Trauer sie, und sie begann, ihr Unglück laut herauszuschreien. Der Regen durchnäßte ihre Haare und Kleider und vermischte sich mit den Tränen, die über ihr Gesicht strömten. Sie merkte kaum, wie die Männer ihr den Körper Jesu aus den Armen nahmen und ihn wegtrugen. Gestützt auf Maria aus Magdala, verließ sie Golgatha.

Am Morgen nach dem Sabbat standen die römischen Wachsoldaten noch immer vor dem Felsengrab, in dem Jesus am Freitagabend in aller Eile beigesetzt worden war. Die Priester des Hohen Rates hatten sich davon überzeugt, daß das Grab mit einem großen Felsblock verschlossen worden war, denn ihre Angst vor dem toten Jesus war fast so groß wie die vor dem lebenden.

Zerah und ein anderer Zeuge hatten sich abwechselnd in der Nähe aufgehalten, um sicherzugehen, daß die Römer ihre Pflicht nicht vernachlässigten und sich niemand dem Grab nähern konnte.

Die zwei Nächte waren ohne besondere Vorkommnisse verlaufen, und kein Mensch war weit und breit zu sehen gewesen.

Jetzt aber, am Sonntagmorgen, noch vor Sonnenaufgang, kamen drei Frauen auf das Grab zu. Es waren Maria aus Magdala und die beiden Schwestern des Lazarus, Martha und Maria.

»Halt! Wer da?« rief der Wachsoldat in die Dämmerung und versperrte den Frauen den Weg.

»Wer seid ihr?«

»Freunde des Mannes, der dort beigesetzt wurde«, antwortete Maria aus Magdala.

»Und was wollt ihr hier?«

»Wir möchten in das Grab.«

»Ah, sonst nichts?« höhnte der Wächter. »Und warum wollt ihr da rein?«

»Wir bringen Kräuter und Gewürze, wie es die Sitte verlangt.«

»Und warum habt ihr das nicht getan, als der Tote beigesetzt wurde?« fragte der Soldat.

»Weil der Sabbat anfing«, erklärte Maria, »und wir die Kräuter nicht mehr kaufen konnten.«

»Na, mir ist's egal«, sagte der Wächter. »Auf jeden Fall könnt ihr nicht an das Grab, und selbst, wenn ich's euch erlauben würde, wären nicht genug Leute da, um den Stein wegzuwälzen. – Aber wartet hier, ich muß euch dem Offizier melden.«

Er wandte sich an einen Soldaten, der in einen Mantel eingewickelt am Boden lag, und rief: »He, Lentullus, wach auf! Du mußt den Hauptmann benachrichtigen!«

Der rote Ball der Sonne stieg jetzt hinter den judäischen Bergen auf. Im ersten Tageslicht sahen die Frauen zwei Männer, die in einem Garten in der Nähe des Grabes arbeiteten.

246

Einer von beiden grüßte sie und lächelte ihnen zu. Dann winkte er sie näher heran und fragte: »Warum sucht ihr die Lebendigen bei den Toten? Jesus ist auferstanden. Er ist nicht mehr hier!«

Die erschrockenen Frauen schauten zum Grab hinüber, das tatsächlich weit offen vor ihnen lag. Der große Stein war zur Seite gewälzt, und als sie sich fragend wieder zu den beiden Männern umdrehten, waren sie verschwunden.

»Was ist los?« schrie der Wachsoldat, als er die Gesichter der Frauen sah. Dann drehte er sich um. Für einen Moment glaubte er, den Verstand verloren zu haben. Er wischte sich über die Augen, lief auf das Grab zu und schrie völlig außer sich: »Alarm! Alarm!«

Zerah und der andere Priester kamen hinter dem Baum hervor, unter dem sie die Nacht verbracht hatten, und auch Lentullus erschien nun mit dem Hauptmann, der in der ersten Verblüffung kein Wort herausbrachte.

Dann nahm er seine Männer aber sofort in ein scharfes Verhör. Sie mußten mehrmals wiederholen, was sich in den vergangenen beiden Nächten ereignet hatte, und da sie immer nur sagen konnten: »Wir haben nichts gesehen, nichts gehört und nichts bemerkt!«, schrie der Hauptmann sie schließlich an: »Und das ist alles, was ihr mir erzählen könnt?«

»Ich kann nur für mich selber sprechen, Hauptmann«, sagte Lentullus, »aber ich schwöre bei Herkules und Jupiter . . .«

»Ja, ja, ja! Das kenn' ich jetzt schon. Aber wollt ihr mir vielleicht gütigst erzählen, wie dann der Stein vom Eingang weggewälzt werden konnte, ohne daß ihr jemanden gesehn habt?«

»Es stimmt, Herr«, verteidigten sich die Wächter. »Wir haben uns genau an die Vorschriften gehalten, und es war niemand hier!«

»Und ihr seid ganz sicher, daß ihr nicht vielleicht gewürfelt habt oder in der Kneipe an der Stadtmauer gewesen seid?«

»Jawohl, Herr. Die beiden jüdischen Priester waren ja auch die ganze Zeit hier. Und die haben bestimmt nicht gewürfelt.«

Zerah kam vom Eingang des Grabes zurück und wandte sich – in höchstem Maße verärgert – an den römischen Offizier.

»Dafür gibt es nur eine Erklärung«, sagte er unfreundlich. »Die Anhänger dieses Jesus von Nazareth waren in der Nacht hier und haben das Grab geöffnet!«

»Ausgeschlossen«, antwortete der Hauptmann.

Zerah schüttelte den Kopf und ging in das Grab zurück.

»Jetzt beginnt erst alles«, dachte er, als er in der leeren Höhle stand.

Die Jünger hielten sich versteckt. Johannes hatte Verwandte, Bauern, die in der Nähe Jerusalems ein kleines Anwesen besaßen, und dort waren die elf Männer in einer Scheune untergekommen.

Für's erste schien das ein gutes Versteck zu sein. Sie zeigten sich so selten wie möglich draußen. Nur gelegentlich ging einer von ihnen hinaus, um Brot und Wein für alle zu kaufen. Ihre Gesichter waren von Angst und Trauer gekennzeichnet. Sie fürchteten sich und zuckten bei den kleinsten Geräuschen zusammen.

Grade hatte es an die Tür geklopft. Die Männer erschraken und blickten auf Petrus, der für alle so etwas wie ein Vater geworden war.

247

»Wer ist da?« rief er und ging zur Tür.

»Ich, Philippus«, kam die Antwort von draußen.

Petrus öffnete und schloß die Tür sofort wieder, als Philippus eingetreten war.

Ohne etwas zu sagen, stellte Philippus den Korb mit den Einkäufen auf den Tisch und nahm Brot und Wein heraus.

»Ist dir jemand gefolgt?« fragte Bartholomäus.

»Nein, niemand.«

»Du bist auch sicher?« beharrte Bartholomäus.

»Natürlich bin ich sicher.«

»Hast du Soldaten gesehen?« wollte Matthäus wissen.

»Ja, überall! Wir müssen hier bald verschwinden.«

»Aber wohin?« fragte Johannes.

»Zurück nach Galiläa! Diese Scheune ist eine richtige Falle!«

»Das Wichtigste ist, daß wir Ruhe bewahren!« sagte Petrus. »Wir müssen immer danach fragen, was Jesus von uns gewollt hätte, und uns danach richten.

Thomas schüttelte den Kopf. »Jesus ist tot!« sagte er. »Wir müssen uns endlich damit abfinden.«

In diesem Moment wurde laut und energisch an die Tür geklopft.

Sie schauten sich entsetzt an, und Matthäus flüsterte Philippus zu: »Ich dachte, dir wäre niemand gefolgt.«

»Ist auch niemand«, antwortete Philippus.

Das Klopfen wiederholte sich, lauter und ungeduldiger.

Petrus schlich sich auf Zehenspitzen zur Tür und riß sie ganz plötzlich weit auf.

»Ach, du bist's, Maria«, sagte er erleichtert. »Warum kommst du hierher?«

Maria aus Magdala betrat die Scheune, und die Männer sahen ihr sofort an, wie aufgeregt sie war.

»Petrus, Matthäus, hört mich alle an!« rief sie. »Ich habe ihn gesehen!«

»Wen – ihn?« fragte Matthäus.

»Den Herrn«, rief Maria, »ich habe ihn gesehen, aber auch Martha und Maria haben ihn gesehen!«

»Wovon redest du um Himmels willen?« sagte Johannes.

»Er ist auferstanden! Er lebt! Er ist hier!«

»Ausgeschlossen!« sagte Thomas.

Maria griff nach einem Hocker. Obwohl sie so aufgeregt war, war sie doch zugleich erschöpft und am Ende ihrer Kräfte.

»Am Grab«, sagte sie, »da waren zwei Männer. Wir gingen heute morgen hin, um die Gewürze und Kräuter zu bringen. Er – der eine Mann – winkte uns zu und fragte: ›Warum sucht ihr die Lebendigen bei den Toten? Jesus ist nicht hier. Er ist auferstanden!‹ Dann sahen wir, daß der Stein weggewälzt war. Martha ging in das Grab hinein, und ich sah von draußen, daß die Leinentücher auf dem Boden lagen und der Leichnam nicht mehr da war.«

»Die Römer haben ihn gestohlen!« rief Andreas.

Aber Petrus gebot ihm, zu schweigen. »Laß sie doch erzählen!«

»Als wir uns dann nach dem Mann umdrehten, war er nicht mehr da!« berichtete Maria weiter. »Aber als wir weggehen wollten, begegnete uns ein anderer Mann. Ich dachte erst,

248

er wäre ein Gärtner. Er sah, wie aufgeregt und verzweifelt ich war, und fragte mich: ›Warum weinst du?‹ Und ich antwortete: ›Weil der Leichnam unseres Herrn gestohlen worden ist.‹ Da sagte er meinen Namen. Er sagte laut und deutlich ›Maria‹, und im selben Augenblick erkannte ich ihn. Es war gar kein Zweifel möglich. Ich sagte ›Herr‹ und fiel vor ihm auf die Knie und versuchte, sie zu umfassen. Aber er sagte: ›Berühre mich nicht! Geh und suche die Brüder und erzähle ihnen alles. Und so bin ich gekommen. Ich bin fast den ganzen Weg von Jerusalem gerannt.«

Die Jünger schauten einander an, und jeder wartete darauf, daß der andere etwas sagte. Schließlich platzte Thomas heraus: »Das glaube ich nicht!«

»Hältst du mich für verrückt?« fragte Maria. »Ich habe ihn gesehen. Ich sage dir, ich habe ihn mit meinen eigenen Augen gesehen!«

»Warum gehst du jetzt nicht nach Hause, Maria?« sagte Johannes freundlich. »Du bist müde und brauchst Ruhe.«

»Ihr werdet ihn selber sehen!« rief sie. »Und dann werdet ihr mir glauben. Ihr werdet ihn bestimmt sehen!«

Es herrschte ein ungemütliches Schweigen, als sie gegangen war und Andreas die Tür hinter ihr geschlossen hatte.

»Was kann man anderes von ihr erwarten?« sagte Thomas. »Sie ist eine Hysterikerin!«

Johannes schaute ihn überlegend an und sagte: »Du hast auch gezweifelt, als Jesus die Tochter des Jairus aufweckte.«

»Heißt das etwa, daß du ihre Geschichte glaubst?« fragte Thomas.

Und er schaute auch alle anderen der Reihe nach an. »Glaubt ihr das etwa?«

Petrus antwortete sehr ruhig: »Ja, ich glaube es!«

Er blickte zu Thomas hinüber. »Nach allem, was Jesus uns gesagt hat, kann es auch gar nicht anders sein. Wir waren nur zu ängstlich, um ihm zuzuhören. Wir haben nur an unsere eigene Sicherheit gedacht und ihn schließlich verlassen. Und ich – ich habe ihn sogar verraten! Die Pharisäer und Priester haben ihn verurteilt – aber sie kannten ihn nicht! Wir jedoch, wir haben mit ihm gelebt, haben ihn täglich gesehen und gehört, waren Zeugen seiner Wunder; wir haben sogar geglaubt, daß er der Messias ist – und trotzdem haben wir ihn verlassen. Wir sind schuldiger als die, die ihn verurteilten. – Aber er hat uns nicht verlassen. Er ist zurückgekehrt. – Warum sollte Jesus, der andere dem Tod entrissen hat, nicht selber über den Tod triumphieren?«

Es wurde still, und jeder hing seinen eigenen Gedanken nach.

Plötzlich drehte sich Andreas zur Scheunentür um. Alle andern folgten erschrocken seiner Bewegung.

Die sorgfältig geschlossene Tür stand weit offen, und im hereinfallenden Sonnenlicht sahen sie Jesus. Die Männer schraken entsetzt zurück.

»Warum fürchtet ihr euch?« fragte er sie. »Warum zweifelt ihr? Ich bin hier.«

Plötzlich trat Glück und Freude in ihre Gesichter, und Petrus rief: »Herr, bleibe bei uns, es wird bald Abend.«

Aber er antwortete: »Habt keine Angst. Mir ist alle Gewalt gegeben im Himmel und auf Erden. Darum geht hin und machet alle Völker zu Jüngern und taufet sie auf den Namen des Vaters und des Sohnes und des Heiligen Geistes, und lehret sie alles halten, was ich euch befohlen habe, denn ich bin bei euch alle Tage bis an das Ende der Welt.«

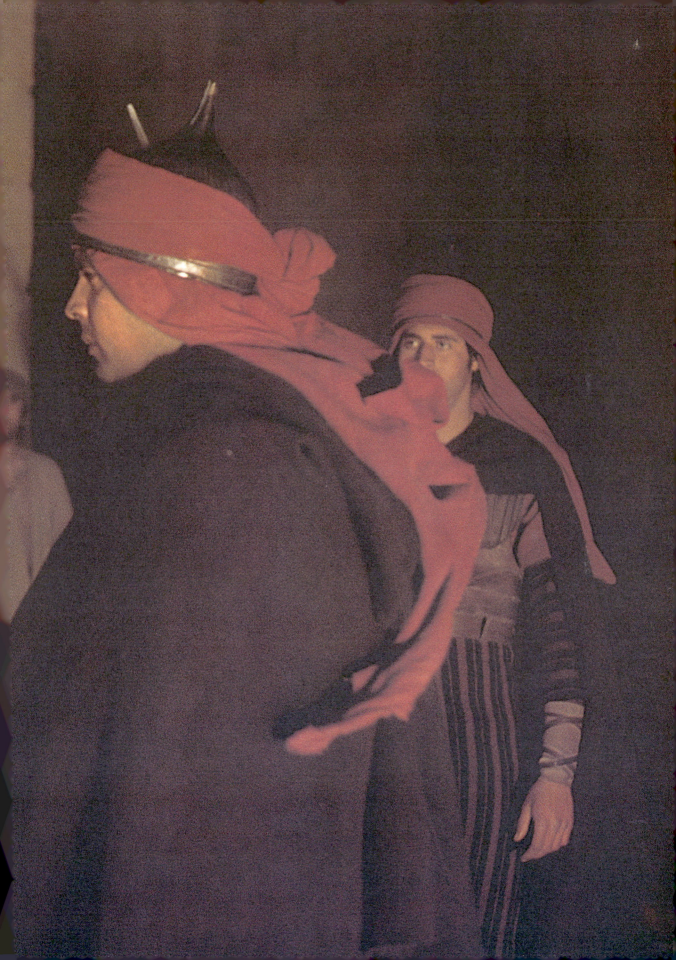

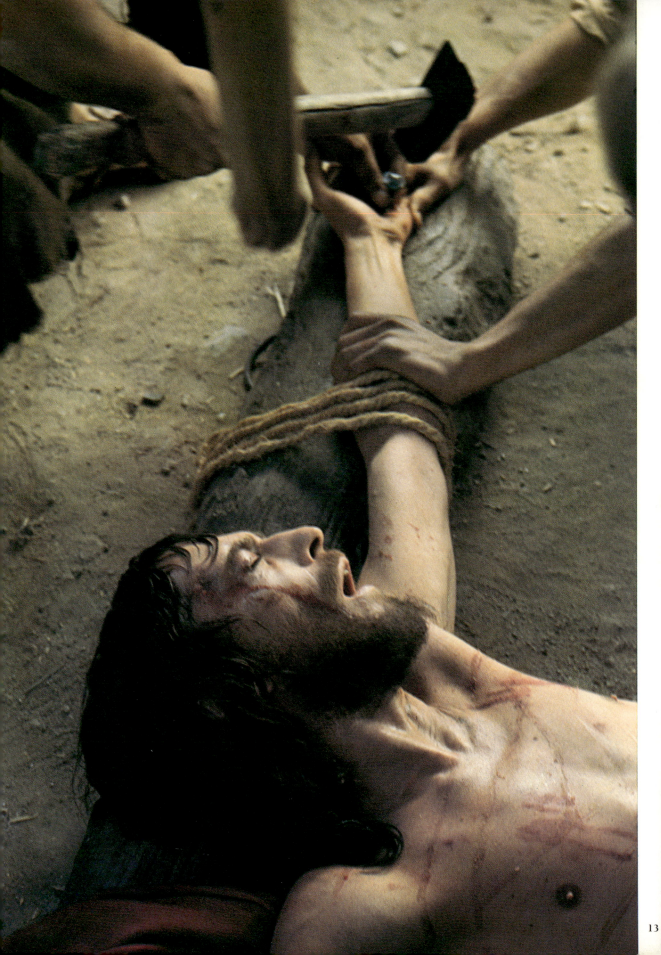

19

KARTE
WORTERKLÄRUNGEN
DARSTELLER

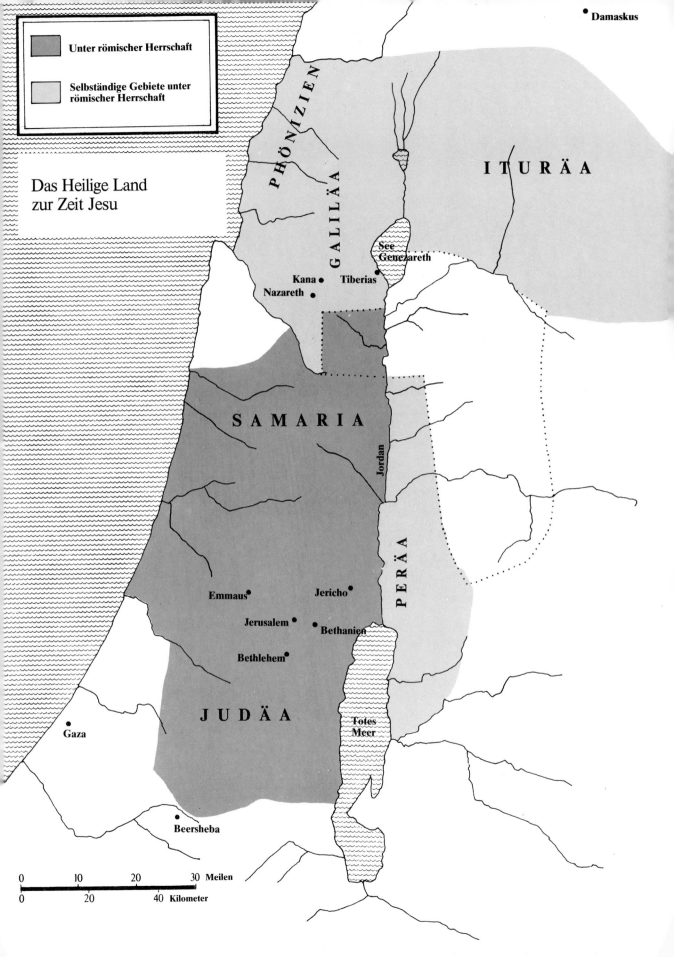

Worterklärungen
und geschichtlicher Hintergrund

DAS GESETZ

Darunter versteht das Neue Testament dreierlei:

1. Die Zehn Gebote, die praktisch das »Grundgesetz« bilden;
2. den Pentateuch, nämlich die ersten fünf Bücher des Alten Testamentes: Genesis, Exodus, Leviticus, Numeri und Deuteronomium;
3. das mündlich überlieferte Recht der Tradition, gegen dessen Auswüchse Jesus protestierte.

Dieses ungeschriebene Gesetz, das eine Generation der nächsten – oftmals erweitert und verschärft – überlieferte, regelte das Alltagsleben eines frommen Juden bis in die kleinste Kleinigkeit und war sozusagen der Zaun, der ihn an der Übertretung geschriebener Gesetze hindern sollte.

Als Beispiel mag uns das Sabbat-Gesetz dienen. *Das geschriebene Gesetz gebietet*, den siebten Tag der Woche Gott als einen Ruhetag zu weihen. »Du sollst an diesem Tage keine Arbeit tun, weder du, noch dein Sohn, noch deine Tochter, noch dein Sklave, noch deine Sklavin, noch dein Rind, noch dein Esel, noch all dein Vieh, noch der Fremdling, der dein Gast ist.«

Das ungeschriebene Gesetz regelte nun, was als Arbeit anzusehen war und was nicht. Zum Beispiel untersagte es, eine Last zu tragen (Jeremia 17, 21) und definierte – für jedermann begreiflich –, was als Last zu empfinden war: nämlich alles, was schwerer ist als zwei getrocknete Feigen.

Nun gibt es bekanntlich die verschiedensten Möglichkeiten, ein Gesetz zu übertreten, und darum wuchs der Schutzzaun immer höher, und schließlich entstand ein Zaun für den Zaun, das heißt, es wucherten Regeln, die das Übertreten der Regeln zu verhindern suchten. Am Ende gab es Tausende von Geboten und Verboten, die ein Gesetzestreuer zu beachten hatte.

Am genauesten nahmen es damit die *Pharisäer*. Dieses Wort heißt übersetzt: die Abgesonderten; und in der Tat separierten die Pharisäer sich von all jenen Menschen und Alltäglichkeiten, die sie an der strikten Einhaltung des Gesetzes hätten hindern können. Jesus, der den »Tüpfelchen des Gesetzes« die Liebe zu Gott gegenüberstellte, mußte den Pharisäern tatsächlich als ein Zerstörer ihrer Religion erscheinen.

Zusammen mit den Pharisäern erwähnt das Neue Testament – häufig im selben Satz – die *Sadduzäer*, obwohl beide Gruppen nichts miteinander zu tun hatten, sondern sich sogar feindlich gegenüberstanden. Die Sadduzäer waren einflußreiche, gebildete Aristokraten, die sich der hellenistischen Kultur verpflichtet fühlten. Zwar waren sie gläubige Juden und beachteten das geschriebene Gesetz – zum Beispiel waren die meisten Priester des Tempels Sadduzäer –, aber insgesamt zogen sie zivilisiertes Weltbürgertum der jüdischen Tradition vor und waren darum die idealen Kollaborateure der Römer. Sie bekämpften alles, was den

Status quo störte, und die messianische Erwartung des Volkes, die auf eine Änderung der gesellschaftlichen Verhältnisse zielte, war ihnen höchst zuwider.

Vertreter der Pharisäer und Sadduzäer saßen – gemeinsam mit religiösen Laien, den sogenannten Ältesten – im *Synhedrium*, dem Hohen Rat der jüdischen Kultusgemeinde.

Diese Körperschaft, die 70 Mitglieder zählte und unter dem Vorsitz des Hohen Priesters tagte, war zugleich oberstes weltliches und geistliches Gericht und – in römischer Zeit – die einzige politische Interessenvertretung des jüdischen Volkes. Aber auch die Macht des Hohen Rates war durch die Besatzungsmacht beschnitten worden. Zum Beispiel konnte er nicht mehr – wie in vorrömischer Zeit – Todesurteile fällen und vollstrecken lassen, sondern durfte sie dem römischen Prokurator allenfalls empfehlen.

Im Zusammenhang mit dem Gesetz muß noch eine dritte Gruppe genannt werden: die *Schriftgelehrten*. Sie bildeten keine Partei wie Pharisäer oder Sadduzäer, obwohl sie durchaus einer der beiden Gruppen angehören konnten, sondern waren einfach Männer, die die heiligen Schriften bis ins Detail kannten. Man darf sie also auch als Gesetzesexperten bezeichnen. Bedeutende Schriftgelehrte wurden übrigens mit dem Ehrentitel »Rabbi« angesprochen.

MESSIAS

Das hebräische Wort Messias und das griechische Wort Christus bedeuten dasselbe: nämlich *Gesalbter*. Der Messias wurde als der von Gott gesalbte König des Gottesvolkes erwartet, der – nach den Vorhersagungen der Propheten – die jüdische Nation befreien und führen sollte.

PALÄSTINA

Diese römische Bezeichnung, die übersetzt »Philisterland« heißt und ursprünglich nur ein kleines Teilgebiet Palästinas meinte, wird auch heute noch verwendet, um den Schauplatz der biblischen Geschichten, das Land Israel, zu benennen, also jenes ca. 150 km lange und 50 km breite Gebiet, das sich vom Antilibanon im Norden bis zur Judäischen Wüste im Süden erstreckt.

Trotz seiner geringen Größe hat dieses Land eine enorme Rolle in der Geschichte der Menschheit gespielt. In alter Zeit lag es im Schnittpunkt der großen Zivilisationen von Ägypten, Babylonien und Assyrien, die es als Durchgangsland und Aufmarschgelände benutzten. Später wurde es als »Herzland« dreier Weltreligionen von Bedeutung, von denen es sich zwei – nämlich Christentum und Islam – in jahrhundertelangen Glaubenskriegen streitig machten.

Zur Zeit Jesu war Palästina Teil der römischen Provinz Syria und unterstand teilweise einem römischen »Landpfleger« oder Prokurator, der seinem vorgesetzten Gouverneur in Damaskus verantwortlich war; teilweise wurde es von »selbständigen« jüdischen Fürsten – sogenannten Ethnarchen oder Tetrarchen – verwaltet, die aber nichts anderes als Marionetten der Besatzungsmacht waren (siehe Seite 60). Nur während der Regierungsperioden von König Herodes dem Großen (37–4 v. Chr.) und König Agrippa (38–44 n. Chr.) war das Land – annähernd – zu einer staatlichen Einheit zusammengefaßt.

Abgesehen von den fruchtbaren Gebieten Galiläas im Norden und einigen Oasen im Jordantal war Palästina immer ein karges Bergland, dessen Menschen ihr Brot »im Schweiße ihres Angesichts« essen mußten. Dürrezeiten, Heuschreckenplagen, Kriege und Erdbebenkatastrophen suchten es periodisch heim, und wenn es den Völkern der umliegenden Wüsten auch als ein Paradies erscheinen mochte, wo »Milch und Honig« flossen, so war es doch während seiner ganzen Geschichte ein Land, dessen Bewohner sich in besonderem Maße auf die Gnade Gottes angewiesen fühlten.

Die Darsteller und ihre Namen

Jesus als Mann	ROBERT POWELL
Jesus als Kind	LORENZO MONET
Rabbi Jehuda	CYRIL CUSACK
Herodes der Große	PETER USTINOV
Proculus	ROBERT BEATTY
Saturninus	NORMAN BOWLER
Naso	JOHN PHILLIPS
Josef	YORGO VOYAGIS
Maria	OLIVIA HUSSEY
Elisabeth	MARINA BERTI
Anna	REGINA BIANCHI
Abigail	NANCY NEVISON
Die Hirten:	JONATHAN ADAMS
	ROY HOLDER
	RENATO TERRA
Simeon	RALPH RICHARDSON
Die Sterndeuter:	
Caspar	FERNANDO REY
Melchior	DONALD PLEASENCE
Balthasar	JAMES EARL JONES
Johannes der Täufer	MICHAEL YORK
Herodes Antipas	CHRISTOPHER PLUMMER
Herodias	VALENTINA CORTESE
Der Besessene	KEITH SKINNER
Salome	ISABEL MESTRES
Maria aus Magdala	ANNE BANCROFT
Josef von Arimathäa	JAMES MASON
Die Ehebrecherin	CLAUDIA CARDINALE
Simon der Pharisäer	FRANCIS DE WOLFE
Die Zeloten:	
Amos	IAN BANNEN
Joel	OLIVER TOBIAS

Hosias	GEORGE CAMILLER
Saul	OLIVER SMITH
Daniel	ROBERT DAVEY

Die Apostel:

Simon Petrus	JAMES FARENTINO
Andreas	TONY VOGEL
Jakobus, Sohn des Zebedäus	JONATHAN MULLER
Johannes	JOHN DUTTINE
Philippus	STEVE GARDNER
Bartholomäus	JOHN EASTHAM
Thomas	BRUCE LIDINGTON
Matthäus der Steuerpächter	KEITH WASHINGTON
Jakobus, Sohn des Alphäus	SERGIO NICOLAI
Thaddäus	MIMMO CRAO
Simon der Eiferer	MURRAY SALEM
Judas Ischarioth	IAN MCSHANE
Martha	MARIA CARTA
Zerah	IAN HOLM
Barabbas	STACY KEACH
Der Hauptmann	ERNEST BORGNINE
Der Blinde	RENATO RASCEL
Kaiphas	ANTHONY QUINN
Habbakuk	LEE MONTAGUE
Nikodemus	LAURENCE OLIVIER
Pontius Pilatus	ROD STEIGER
Quintillius	TONY LO BIANCO

EIN FILM VON SIR LEW GRADE

Regie	FRANCO ZEFFIRELLI
Produzenten	VINCENZO LABELLA
	BERNARD J. KINGHAM
	DYSON LOVELL
Musik	MAURICE JARRE
Weltvertrieb	

ITC AN ATV COMPANY ENTERTAINMENT